SEÑALES

*Historias, Poemas y Regalos para
Empresarios Desilusionados*

Por: Jaaziel Flores

Agradecimientos

A mi esposa,

En angustia invoqué al Señor, dijo el rey.
Por la angustia mi boca se secó, pero llegaste tú
como rosa del desierto, agua en la sequedad,
tú que piensas que soy bueno para discernir lo
espiritual,
y yo que te admiro por tu talento para vivir en el
plano terrenal.

Se nubla mi mente, me envuelvo en corrientes de
desesperación,
pero llegas tú, sencilla, simple.

Me salvas al escucharte galopar en palabras de
admiración,
nunca olvidas sus beneficios, los beneficios de Dios
derramando alabanzas para él, me arrastras en tu
camino, en tu ejemplo.
Gracias Carmelita.

"Las muchas aguas no podrán apagar el amor,
Ni lo ahogarán los ríos." Cantares 8:7

A mi genio matemático y deportista,
¿Qué cuánto te amo?, en intervalo te respondo
$(-\infty,\infty)$.

SEÑALES

A mi artista favorita,
Amorcito de mi vida, ¿alguna vez te dije "te quiero"?
por si no te lo he dicho aún, te quiero, te amo tanto
que duele.

A mis padres,
Por todo, por siempre y más.
¡Miles de gracias!

A mi Señor,
Semejante a Tí yo soy,
caminos trazados,
admiración, amor, afinidad,
tal cuál lo haces, similar es mi anhelo,
de ti aprendí, desde ti procedo.

Suples mi semilla, la siembro, suples mi alimento,
ejerce en mí para querer y hacer.

El hijo hace lo que el padre,
quiero hacer tu voluntad,
el bien recibir y el bien otorgar.

Gracias.

Índice

Introducción

¿Cuántas veces empezamos nuestro emprendimiento sin experiencia administrativa, legal, fiscal, contable, pólizas de seguros, etc.?

Si tienes familia de emprendedores o empresarios es muy probable que tengas ciertos genes que te impulsarán a serlo tú también, en mi caso, tengo familiares que tienen empresas diversas, como restaurantes, pescaderías, pollerías, ferreterías, talleres mecánicos, de laminado y pintura, refrigeración, herrería, joyería, ropa y regalos, arquitectos, contratistas, patios de contenedores, etc. Son muchos los ejemplos de emprendimiento familiar.

Tal vez por lo anterior, mi deseo siempre fue tener una empresa. Quizás estaba en mis genes. Recuerdo que a los 10 años ya vendía dulces afuera de la ferretería de mi tío Alfredo, los sábados trabajaba en la pescadería de mi abuelito Chuy y cuando estaba en la secundaria ya tenía mi "negocio" de lavado de autos.

De niño era un placer comprar tenis de marcas "caras" con dinero propio, evitando así calzar los autorizados pero ciertamente patrocinados por mis padres, es decir, de aquella zapatería llamada "3 Hermanos".

Ya en la carrera, mi plan de vida laboral estaba hecho, tatuado en mi mente y construido en el aire, el nombre y los colores de la marca de mi emprendimiento.

No me encontraba dentro de los mejores estudiantes, excepto en aquellas materias que consideraba directamente relacionadas con mi éxito empresarial. La ingeniería en sistemas, por lo tanto, constaba en máximo ¾ de la currícula total, y es que yo sabía más que los que diseñaron esta carrera profesional, claro, los jóvenes "sabemos mucho", sin embargo, conforme nos vamos haciendo viejos, irónicamente creemos que cada vez sabemos menos, ¡menos de todo!, al menos así me pasa.

Poco antes de terminar mis estudios profesionales ya tenía mi emprendimiento en marcha, contaba con tarjetas de presentación impresas en opalina con mi impresora *Epson* de inyección de tinta, uff, "PI Jaaziel Flores", las siglas se ven mejor que pasante de ingeniero, ¡por supuesto!

Llegó el primer trabajo, por allá del 2002, un cableado de red de 40 nodos para computadoras. Mi empresa constaba del dueño, el gerente general, los instaladores, el contador, recepcionista y administrador, todos perfectamente comprimidos en una sola persona, mi persona.

Poseía un capital de trabajo de poco menos de cien dólares y como vehículo de trabajo un auto *Rambler Gremlin*, modelo 1978. Cabe mencionar que mi papá le puso un aire acondicionado, se encontraba debajo de la guantera del lado del copiloto, esto hacía que mi novia estuviera casi congelada cada que se subía, de verdad enfriaba, parecía un mini split actual, siendo joven lo aprovechaba muy bien porque caballero como soy siempre le ofrecía mis brazos, te lo agradezco mucho papá (una disculpa, por el desvío de la historia).

Entusiasmado y empoderado, el mundo era mío, de allí a New York a conseguir nuevos clientes y a las Vegas a conseguir nuevos proveedores y cursos de capacitación, un plan simple, como los planes deben ser.

El "project charter"

Cuarenta nodos de red, el objetivo.
1.5 días, el tiempo de ejecución.
250 usd, el precio al cliente.
Planeación y tiempo de entrega de materiales, 5 días.
125 usd, de anticipo para comenzar los trabajos.

Con 22 años viviendo en este mundo que no paga esfuerzos, este trabajo fue el primero. Inicié un sábado a las 3 pm, apagué el servidor y todas las computadoras, desinstalé todo el cableado anterior, desinstalé toda la canalización, desinstalé el switch, el sábado a las 12 de la noche la primera fase del plan de acción estaba concluida, tomé un breve descanso y comencé a colocar la canalización. Primer problema, me estaba tomando más de lo planeado, el concreto de las paredes era extremadamente duro y mis brocas se quebraban ¿dónde conseguir brocas a esa hora?, no había forma, a esa actividad le asigné una nueva hora, comenzaría al día siguiente - domingo- a las 10 a.m.

Detenido por la fuerza del concreto continué otra actividad, hacer cortes del cable utp y pasar los "bonches" de cables entre las paredes y pisos. Segundo problema, no calculé que al meter más cables se necesita mayor diámetro en los pases, y (como ya lo imaginarás) no estaba preparado con una broca larga, ¿la solución? usar marro y cincel (por cierto mis respetos para los albañiles ¡Que difícil es cincelar!). Mis manos, poco versadas en el manejo del marro infernal, sufrieron como si un cocodrilo les hubiera dado un mordisco con sus finos dientes; bueno, al menos eso sentí, es muy probable que exagere un poquito.

No pensé que debería tener conocimientos de obra civil. Pronto observé varillas, sí ¡varillas!, no podía creerlo, empecé a cincelar al lado de éstas hasta alcanzar la apertura necesaria.

El domingo llegó y yo estaba super atrasado, busqué ferreterías abiertas, en ese tiempo no existía *Home Depot* en mi bello puerto de Manzanillo, Colima, pero gracias al cielo conseguí las brocas.

Teniendo mis anheladas herramientas -y reduciendo así mí ganancia- desayuné. Mi mamá me llevó comida a la agencia aduanal Servicio Corporativo en Comercio Exterior, ese era el nombre de mi primer cliente, se mostró un poco preocupada, me imagino que me vio muy jodido, pero me animó. Había dormido solo un par de horas.

Para las 4 de la tarde de ese día la obra civil estaba realizada y la canalización instalada, tomé un breve descanso para comer y continué, era la hora de cablear. Otro problema, para cablear se necesitan al menos dos personas, pero dado que no me lo podía permitir, innové gastando kilómetros de cinta (tal vez me hubiera costado menos un ayudante), cerrar la canaleta con el cableado dentro fue algo así como cuando Spiderman estaba tratando de detener los vagones de tren lleno de gente en la película de 2017.

Me adelantaré para no aburrirte, para las siete de la mañana del día lunes estaba terminando de probar todo el cableado, el mapeo resultó correcto y yo me daba un respiro.

8:00 a.m. y el personal comenzó a llegar.

8:30 a.m. Todos los colaboradores de la empresa estaban ya en la oficina.

¡Ay! Otro pequeño inconveniente.

Al momento de encender las computadoras, éstas no tenían conectividad con el servidor, por lo tanto, no podían entrar al sistema aduanal, así mismo, no había comunicación con las impresoras y ninguna computadora tenía internet, no jalaba nada de lo que hice, pues.

Se acercaron a mi:

-Ingeniero, disculpe... ¿por qué mi computadora no...?

Es probable que hayas sentido en algún momento de tu vida ese vacío en el estómago por nervios, una sensación de miedo e impotencia, pues yo lo sentí.

-Piensa Jaaziel, piensa rápido - me decía, y nada se me ocurría, estaba cegado totalmente, inmóvil. Mi cerebro se desenchufó.

9:30 a.m., está por demás mencionar que el gerente de la agencia estaba molesto, así como las casi 30 personas que ansiosas esperaban realizar sus actividades cotidianas.

-¡Listo! Ya sé que hacer: ¡Mi profesor de redes!; sí ya sé, pero eso fue lo único que se me ocurrió.

9:45 a.m. -Buen día profesor Elohim, tengo un problema...

Después de explicarle todo, su esperada respuesta llegó:

-Mira Jaaziel, mi hermano se dedica a instalar cableado y ahorita está en Manzanillo, él te puede ayudar más que yo.

Cabe mencionar que tanto mi profesor como mi universidad estaban en la ciudad de Colima capital, a una hora y treinta minutos de distancia del sitio donde estaba el problema.

-Ok, profesor, ¿me pasa su número de celular?, otra pregunta, ¿él es ingeniero en sistemas computacionales?

-No, él es licenciado en administración

-¿Cómo?-, dudé sorprendido.

-No te preocupes, tiene mucha experiencia.

Llegó el hermano del profesor poco antes de las 11:00 a.m. mientras yo estaba hundido entre preguntas y confusión, completamente rebasado.

-Buen día Jaaziel, platícame lo que sucede por favor.

Después de escuchar toda la historia, su pregunta fue:

-¿Entonces tú sólo hiciste el trabajo, empezando el sábado y terminando hoy, lunes?

-Sí

-¿Solo?

-Sí, Inge, ¿cree que me pueda ayudar?

-Sí, por solucionarlo te cobraré 250 dólares.

-¡Adelante, por favor!- te confieso que se me escapó un grito sordo de puritito dolor, mi ganancia se reducía a cero.

-Necesito que me los pagues en cuanto termine, ¿de acuerdo?

-Sí, de acuerdo-, contesté.

Después de la negociación, se dirigió a todos en la oficina:

-Necesito su atención. Por favor apaguen sus computadoras; Jaaziel, apaga el servidor y las impresoras.

Acto seguido, se acercó a los switches de red, los desconectó, pasados treinta o cuarenta segundos, los conectó nuevamente.

-Jaaziel, por favor prende el servidor e impresoras-.

-Listo -, contesté a los pocos minutos.

-Ok, por favor todos enciendan sus computadoras-.

¡Todo funcionó!

-Quedó solucionado Jaaziel-, dijo el licenciado en administración de empresas y hermano de mi profesor de redes.

Internet, servidor, sistemas, impresoras y lo mejor, las miradas asesinas fueron reemplazadas poco a poco por caras felices.

- Jaaziel, este tipo de switch da un poco de problemas, pero apagando y prendiendo lo solucionas. Por cierto, ¿te gustaría trabajar para mí? Estoy planeando abrir la sucursal de mi empresa aquí en Manzanillo, Colima-.

-Sí, claro-, contesté.

¡Sobreviví! Es decir, la libré y no quedé mal con el cliente, además tenía empleo.

Esa capacitación solamente me costó 250 dólares y muchas horas de trabajo.

Hasta la fecha me impacta el nivel de seguridad con el que se dirigió a toda la oficina, lo sigo recordando sin molestia porque me ayudó, no me importó no ganar nada de dinero, pero la enseñanza fue muy fuerte, necesitaba esa experiencia.

Años después, siendo ya un empresario con casi 12 años de experiencia, me encontraba en el hospital, confundido. Había sufrido una convulsión, me sucedió manejando y con mi familia en el auto. Casi 2 horas inconsciente.

Hoy estoy plenamente convencido de que no solo se necesita experiencia sino mucho, mucho más para ser empresario.

La sola experiencia puede llevarte al miedo de ya no emprender, porque conoces el aroma, sabes el dolor que te espera, de aquí el concepto filosófico de holística: a la empresa se le debe ver como un todo, es decir desde una visión global, superior, sin embargo la mayoría empezamos justo al revés, vamos de lo poco a lo más y no consideramos cientos de elementos pero, probablemente sea lo mejor.

El deseo que me impulsó principalmente a escribir estas líneas fuiste tú David, es por ti Fernanda, mis amados hijos, los amo tanto que duele, espero que les ayude a entender esto:

Alguien ya caminó el camino.
Siempre hay personas más sabias e inteligentes que tú.
No temas buscar ayuda.

La soberbia destruye.
Se necesita humildad para ser exitoso
y mejora continua para seguir cosechando.

Leer es y seguirá siendo el escalón que
te aleja de la mediocridad.

La pregunta obligada es: ¿Qué es lo que se requiere para ser empresario? No lo sé del todo.

Lo que sí sé (y lo sé bien) es que este juego no se debe jugar solo.

Pensé que mi historia era única e interesante hasta que conocí a una persona que se convertiría en uno de mis mejores amigos. Él me platicó que a sus 19 años ya se dedicaba al laminado y pintura automotriz.

Cierta ocasión llegó un cliente y le preguntó si podría reparar su auto debido a un choque, no solo necesitaba laminado y pintura, sino que se necesitaba enderezar el chasis. Él dijo muy confiado que sí, pero no tenía el enderezador de chasis. Debido a su precaria situación, era algo impensable de adquirir.

Con mucho esfuerzo lo resolvió, usó cadenas, palancas, marros, un ayudante y, a punto de rendirse, pidió ayuda a un árbol. Sí, usó un árbol como soporte para enderezar el chasis.

Su ojo de "buen cubero" le iba indicando más o menos jalones o golpes, no creo que haya quedado milimétricamente correcto como un sistema computarizado hoy lo puede hacer, pero lo hizo. El árbol, por cierto, no sufrió daños mayores.

Tiempo después, al igual que yo con una empresa de más de 20 empleados, sufría serios problemas financieros que casi lo llevan a la quiebra. Diferentes situaciones, como robos internos (por cierto, de personas muy cercanas), auditorías fiscales, rotación de personal, etc., mermaron su salud al punto de sufrir fuertes enfermedades relacionadas principalmente con su falta de tranquilidad mental, como ejemplo ligero, amplios espacios sin vello en su barba.

Mi amigo es sumamente creativo, como se dice, "no se le cierra el mundo", pero es consciente de que no solo se necesita de creatividad para ser empresario, se necesita de mucho, mucho más. Ser empresario es directamente proporcional a tener aguante, resistencia, inteligencia emocional, estructura, mucho consejo y mucha inversión.

Si crees que la empresa en sí misma te dará la satisfacción que previamente no tenías, te lo digo desde este momento: eso no sucederá, siempre te quedará a deber.

Ser empresario es como sostener una bola de fuego mágicamente, te pueden admirar por ello si lo haces con maestría o te pueden juzgar como el más idiota si te quemas.

No viajes solo en esta tierra. Navegar por las aguas turbulentas del mar del emprendimiento sin brújula es una locura. Ser empresario es una actividad de alto riesgo.

Los poemas -que han sido mi catarsis al escribirlos- sirven para expresar nuestra realidad como empresarios, si estás desesperanzado en el laberinto, a punto de sucumbir por la confusión o de ahogarte debido a los cientos de problemas que tienes, no estás solo, te lo repito, no estás solo, muchos estamos sufriendo los sinsabores de nuestro emprendimiento. Pero, hay oportunidad de salir adelante, aún tienes el beneficio de respirar.

Pablo Neruda dice:

... que la severidad sea una condición de la alegría,
para
que así seamos invencibles.

Prefacio

De joven me preguntaba: ¿por qué no nací en alguno de los países nórdicos o Canadá, quizás Francia, Suiza o en los Estados Unidos? poder entrar por las puertas de exención de los aeropuertos europeos y así evitar la fila de "el resto del mundo".

¿Por qué no tengo ascendencia japonesa y gozar de buena reputación en lo profesional? el mundo me tendría catalogado como inteligente y honesto aún sin mérito alguno, diría orgullosamente: nosotros fabricamos algunas marcas como Toyota, Honda, Sony, Nintendo, Panasonic, Lexus, Casio, Epson, solo por mencionar algunas "allí humildemente", el país es una marca, nos guste o no, es lo que una compañía rentable clasificaría como un activo valioso.

Pero nací en México, donde tenemos que nadar contra corriente, donde preferimos las marcas extranjeras porque "ya nos conocemos", donde la percepción de corrupción es altísima, donde los criminales "huyeron hacia rumbo desconocido" y rara vez se obtiene justicia, donde existen anuncios en las carreteras de "respete las señales" y "no deje piedras en el pavimento", donde es aceptado llegar 15 minutos tarde al trabajo y entre 40 a 50 minutos tarde a un evento social, donde "el que no transa no avanza", entre mil y una infamias.

Un amigo alemán que vivió en México por un corto tiempo me comentaba que se le hacía muy curioso las señales que dicen:

"No Deje Piedras en el Pavimento"
Y

"Respete las Señales".

Me preguntaba: ¿cómo es que dejan piedras en el pavimento? y ¿después de leer la señal de respetar las señales entonces ahora sí el mexicano las respetará? esas preguntas jamás las había pensado y la verdad es que se me hizo gracioso la forma en que pensamos los mexicanos.

En el México monocromático de 2023 hay solo de dos sopas:
Se es fifí o chairo,
Se es neoliberal o se está a favor de la 4T (lo que sea que esto signifique),
Se es aspiracionista, hipócrita, clasista, racista, o se está a favor del oficialismo, es decir, del pueblo sabio.

Sin embargo, en este bello país tengo mi familia, hermana y sobrinas, parientes todos, esta nación vio nacer a mi amada esposa y mis dos hijos maravillosos, amigos, a mi abuelo que fue ejemplo de generosidad. Mi padre que me enseñó honestidad en el trabajo y mi hermosa madre, guía espiritual personal para acercarme a Dios.

En México recibí educación, aquí he obtenido lo suficiente no solo para sobrevivir, sino para viajar; en este país he recurrido a doctores de gran capacidad y profesionalismo, aquí he soñado, me he decepcionado y también maravillado de la gente. En este país de contrastes, como muchos lo han llamado, tengo mi hogar y lo amo.

Dios bendiga a México.

Dentro de las no pocas ocasiones donde la reflexión, la palabra poética o el romanticismo invaden mi mente y disparan preguntando: ¿cuál es tu motivo ulterior? pienso en la flor de baldío, en cómo expone su hermosura y magnificencia de colores y formas por pura decisión, porque para eso fue creada. Cada vez que veo una flor que nace entre basura y piedras, me impresiona su habilidad para ser lo que debe ser.

Embelleces este lugar con tu presencia,
regalándome tu alegría,
obsequiando tu color,
tus brazos abiertos.
Lo más probable es que te ignore,
lo más seguro es que te olvide

Sé tú a pesar de mí.
Se tú a pesar del entorno.
Se tú a pesar de mi fetidez.

Regálame tu delicadeza, como lo has hecho desde
que te pensaron y fuiste creada.
Regálame tu silencio,
la sublimidad del instante.
Color y vida sin negativas ni quejas,
eres tú la flor, la linda flor.

De la tierra eres una estrella de papel.

El objetivo del uso de poemas, como el anterior, es invitarte mediante el arte a la reflexión. Esta palabra "reflexión", entre otros significados, es el rebote de la luz y mi intención es que al leerlo funcione algo así como un espejo: que te veas tú, lo que tienes frente a ti, lo que tú eres.

Que sea luz y te ilumine el camino, que sirva a la vida tuya como ánimo para que continúes con tus planes, que sigas de este lado de la calle, siendo empresario y prosiguiendo con el emprendedurismo.

Objeto también de esta lectura, que no puedo callar, es que estamos en la nación correcta para dar nuestra mejor versión de nosotros mismos a pesar de nuestro entorno, sin minimizar los problemas o circunstancias en las cuales te encuentras, podemos ser ejemplo de personas que en las peores circunstancias fueron exitosas y terminaron con una mejor calidad de vida en comparación con la que empezaron.

Si tan solo cada generación se elevara un escalón más, no solo en lo económico y profesional sino en altura de miras, en propósitos sociales, en amor por nuestras familias y por nuestro entorno seríamos un país orgulloso de heredar a su hijos el cielo como destino, de buenas oportunidades, no olvidemos que "el dedo de Dios lo escribió".

Poco menos de setenta años le bastaron a Israel para ser una potencia mundial, para estar a la vanguardia prácticamente en todas las ramas de la ciencia, arte y tecnología. A 200 años México sigue siendo un país dependiente de las remesas, de la situación política y económica de Estados Unidos y de la nefasta corrupción gubernamental.

Te doy formalmente la bienvenida a esta lectura y agradezco de antemano tu interés. Imagino que al igual que yo, tienes tu propia historia y tu propia versión de México, pero al final poco importa, tu empresa o emprendimiento es lo importante, caminas contra el viento si eres formal, pero "el camino así es", según el credo mandaloriano.

Te recuerdo que una persona es suficiente para hacer lo malo o lo bueno, el criminal asesino o el doctor que cura, uno solamente, tú y yo podemos ser el uno necesario para ser y hacer el bien, lo correcto. Los poemas escritos aquí son mi expresión del coraje, de la tristeza y la desesperación que como empresario he vivido, son mi reclamo por escrito, pero también mi espíritu abierto y la crítica a mi ser y al final, la esperanza de un futuro mejor.

La Madre Teresa dijo: "nosotros no podemos hacer grandes cosas; solamente pequeñas cosas con un gran amor".

Los grandes cambios siempre comienzan con pequeñas acciones y grandes pensamientos.

Por último, algunas advertencias:

- Los poemas son en ocasiones carentes de métrica y sinalefa, se dio más importancia a la rítmica del epigrama, esto es, poema breve, satírico y burlesco, en clave, que persigue la complicidad del lector.
- No mido la cantidad de sílabas en los versos, esto es métrica.
- No busco los efectos fonéticos con la vocal de una palabra con la siguiente, esto es sinalefa.

Hasta aquí lo que hay por decir.

8 Historias Reales

Las historias que estás por leer son hitos en mi camino como emprendedor y han sentado base para el futuro tanto en lo personal como en lo profesional. Espero que al igual que para mi cada narración sea de enseñanza para ti, como la moraleja que se obtiene después de leer un cuento.

Te recomiendo que veas estas cinco historias como cláusulas de un contrato, algo así como "El emprendedor declarará de acuerdo con el Artículo 24xx haber obtenido el siguiente conocimiento previo a abrir la empresa de nombre XYZ", deberás sumar a tu conocimiento las más enseñanzas posibles, por ejemplo, yo no sabía que si un empleado te demanda ante conciliación y arbitraje (instancia gubernamental en México de impartición de "justicia" laboral) y el caso se va a juicio, en el supuesto que el empleado gane, éste se podría beneficiar de sueldos caídos. Así, como este tipo de conocimiento deberás obtener antes de emprender, para crear estrategias de seguridad.

Bien, empecemos.

1. Alvin y Poncho

¿Quién te crees, quién eres?
¿por qué te tomas libertades conmigo?
Me pides bajar a la oscuridad,
me dices que allí encontraré oro y plata.

Tú desconoces mi historia,
tirano sonriente,
secretario del gobierno,
no daré valor a tus intrincadas maquinaciones.

Si no te lo pido lo tomaré como un insulto.

Al Consejo

Ildefonso su nombre de pila, para los amigos Poncho, muy sabio, pastor de una iglesia cristiana ¿yo? un recién egresado de la universidad, con un emprendimiento menor a dos años, autoempleado y con poca o nula inteligencia empresarial, con dos empleados a mi cargo, uno de ellos, Alvin.

Ya había algunas señales de advertencia, pero no les daba la importancia y no mucho tiempo después, pagaría por esta falla.

Alvin era un excelente trabajador, entusiasta y siempre con una sonrisa en su rostro, de esos colaboradores que le das gracias a Dios por tenerlos en tu equipo de trabajo, siempre disponible y siempre capaz, pero venía con instrucciones que no leí. No tuve tiempo, no había tiempo, es que "otros se me estaban adelantando".

Una inasistencia, después otra, después la "agradable" constancia.

El colaborador se ganó mi confianza, se llevaba la camioneta de trabajo a su casa, ejecutaba los trabajos sin mi supervisión y los clientes se mostraban satisfechos, ¡que alegría! Había llegado un jefe de equipo de trabajo, me sentía feliz, había crecimiento, pero las curvas cerradas de la carretera estaban a pocos minutos.

Una inasistencia, después otra, después una revelación de drogas, me confesó que antes se drogaba, pero ya no, eso fue antes.

Cierto domingo, en la iglesia, Ildefonso se me acercó, quería comentarme algo de Alvin, nos apartamos y empezó explicando que lo notaba raro, él asistía a su grupo de estudio bíblico, pero ya era poco constante, por lo tanto, me recomendó:

"Acércate a él, pregúntale cómo está, muestra interés en su vida personal y familiar".

Como emprendedor nada versado en las artes empresariales y haciendo gala de tremenda altanería e ignorancia (aunque no me di cuenta entonces), verbalicé lo siguiente:

"Estás equivocado Poncho, yo no me meto en la vida privada de mis empleados".

Las palabras que a continuación planteó Ildefonso serían una lección, costosa por cierto, pero muy bien aprendida:

"Tarde que temprano, la vida privada de tu empleado afectará tu vida laboral".

Lo ignoré por completo.

Como si Dios mismo se lo hubiera susurrado para advertirme, más pronto que tarde, Alvin no se presentó a trabajar. Ya era costumbre -que malamente yo aceptaba-, pero esta vez fue diferente, no podía contactarlo telefónicamente, pasó ese día, pasaron 3 días y de Alvin ni el polvo.

Contacté a su esposa, a sus padres, ellos pensaban que estaba en un trabajo fuera de la ciudad. Mi preocupación aumentaba, él traía el único vehículo de trabajo y por si esto fuera poco, toda la herramienta que con tanto esfuerzo se fue adquiriendo.

- Ildefonso-, le llamé -Alvin está desaparecido-.
- Sí, ya me llamaron sus padres-, replicó.

Llamé a la policía, allí tuve conocimiento de que esa acción no era catalogada como robo, sino como abuso de confianza, por lo tanto se persigue diferente.

Pasaron más de diez días y yo estaba desconsolado: mi vehículo, toda la herramienta, todas las comidas juntos, todo el tiempo que convivimos, pero sin involucrarme en su vida personal, ¿quién era yo para hacerlo? ¿eso hacen los empresarios? tantas preguntas.

Por fin, un día me llamó. Según su versión, lo robaron y lo secuestraron, después supimos que vendió la herramienta y la camioneta para tomarse unas vacaciones con elefantes rosas y *Lucy in the sky with diamonds,* para recordar la afamada canción de *The Beatles.*

Desde ese día, trato de conocer a mis colaboradores, de estar atento a las señales de advertencia, pero sobre todo, trato de atender los consejos de personas que sé que me estiman.

Un libro sabio, llamado Proverbios, dice:

"...la seguridad está en los muchos consejeros".

Algunos años después tuve conocimiento que Alvin murió, tenía menos de 30 años. Me entristece saber que pude haber hecho algo más por él, si tan solo hubiera seguido el consejo de mi amigo Poncho, tal vez seguiría hoy en esta tierra de los vivos.

Si tan solo, tal vez... pero todos sabemos que esto solo es etéreo.

Cultiva la amistad con tantos consejeros que te eviten llegar al desierto de la desilusión.

2. El cliente que casi me mata

El inexperto muere,
vive el versado,
Amén.

Una recomendación, una esperanza, un trabajo de ensueño y, al final, casi me muero.

Corría el final del año 2012, diciembre 14, para ser exacto. Un amigo me llamó diciéndome que la compañía para la cual laboraba necesitaba una empresa como la mía para hacer unos trabajos en Nuevo Laredo, Tamaulipas; el trabajo consistía en suministrar e instalar cableado de red para cámaras de CCTV. Nuestra empresa, en ese tiempo, solo tenía la ubicación de Manzanillo, Colima, pero estábamos acostumbrados a viajar a cualquier ciudad del país.

Le dije a mi amigo que le pasara mi contacto a su jefe. En menos de 24 horas una persona a quien llamaremos Mr. D, estaba al teléfono conmigo, me explicaba el trabajo, urgía la cotización, la hice lo más pronto que pude, previendo costos de viáticos, ganancias y posibles tiempos muertos por permisos. El trabajo era para una entidad de gobierno.

La aprobación llegó horas después y junto con mi sorpresa también el anticipo del 70%, ¡Impresionante!, alisté a mi equipo de trabajo y nos fuimos sin más.

Llegamos a dicha ciudad y terminamos el trabajo en menos de lo que canta un gallo, allá pasamos Navidad.

- ¿Quieres más trabajo? -, me preguntó Mr. D.

- Claro -, contesté.

Me pagaron el finiquito del trabajo, coticé el segundo (esta vez en Ciudad Camargo, Tamaulipas) me dieron el anticipo, yo estaba feliz, viajamos hacia el golfo de México por una carretera que se conoce como "la carretera de los desaparecidos", "la carretera del terror", etc, en ese tiempo no lo sabíamos, pero no te preocupes, eso no nos mató.

Trabajamos en Miguel Alemán, Reynosa y Matamoros, casi 3 meses fuera de nuestra natal ciudad de Manzanillo, Colima.

Estando por terminar dichos trabajos, los "asociados" de aquellas ciudades (así les llamaban a los técnicos), me comentaron que casi nadie quería venir a trabajar para acá, a los anteriores contratistas los desaparecieron. Me impresioné y después supe que, ciertamente, esa zona es de alto riesgo.

Gracias a Dios llegamos sanos y salvos, asustados por el comentario, pero bien.

Nos pagaron sin ningún inconveniente y la ganancia fue buena.

Dado que hicimos un buen trabajo, Mr. D, visitó Manzanillo junto con Mr. M, querían proponerme un trato. Básicamente era una iguala, así se le conoce a la forma de pago por actividad, ejemplo, un nodo de red ya sea de 90 mts o de 10 mts me lo pagarían igual, a veces ganas sólo lo suficiente, a veces ganas bien y en ocasiones no ganas.

Acepté el trabajo, pero nunca hablamos de un contrato, nunca firmamos nada, el dinero fluía, no había por qué preocuparse, ellos se veían personas "confiables", me invitaban a restaurantes costosos y vestían "bien", ¿por qué dudar?.

Trabajamos en cada aduana del país, desde Puerto Progreso hasta Tijuana, B.C., sin contrato por poco más de 2 años, suficientes para que sucediera el evento que marcó mi vida para siempre: convulsión por estrés.

El calor dentro de la olla no fue de repente, sino paulatino, los trabajos asignados eran cada vez más y más grandes, los terminamos bien, pero había que contratar otras empresas para laborar al mismo tiempo tanto en el aeropuerto de la CDMX como en Guadalajara, y así, llegó el momento que tenía en mi cargo más de 100 empleados subcontratados, microempresas, algunas de ellas, ni siquiera facturaban. Aquí conocí la realidad de cientos de microempresarios, buenos para trabajar, pero con desconocimiento total de administración.

Veracruz, ¡uff! qué ciudad para subcontratar microempresas, hay muy buenas empresas, pero "esas no entraban en costos", nuestra empresa ya no ganaba lo que ganaba antes y el estrés era muy alto.

Trabajamos mucho y ganábamos muy poco. Lo que era muy seguro eran las pérdidas constantes por errores humanos.

Los pagos empezaron a retrasarse, primero 15 días, luego 30, 60 y al final hasta más de 120 días después de haber metido la factura de un trabajo terminado hacía un mes.

Me encontré pidiendo préstamos bancarios para sostener el enorme peso, ya que nosotros teníamos que pagar nómina, lloviera o tronara.

Me llegaron a deber más de dos millones de pesos. Te recuerdo que mi empresa era de solo siete personas, una empresa de servicios muy pequeña. Mr. D y Mr. M. me comentaban que no me preocupara, que me iban a pagar, pero no sabían cuando.

Nunca me dieron miedo los proyectos grandes, pero al tener una deuda tan grande, mi empresa empezó a fallar en los pagos a las empresas subcontratadas.

Al no cumplir con los pagos, un contratista de Nuevo Laredo me llamó manifestando tranquilamente que si no le pagaba me enviaría a su cobrador, un personaje que no se movía exactamente de manera legal o pacífica, que más valía que le pagara, sino no respondería por mi vida.

Tal vez es la llamada más terrorífica que he recibido, le dije que no tenía el dinero pero que se llevara una grúa de elevación. Me dijo que no, que esa la conocía y que costaba más de lo que yo le debía: Imagina mi sorpresa, alguien me quería matar si no le pagaba, pero un abusivo ladrón no era, hasta la basura se separa ¿no?.

Se llevó el camión al fin, mi vida estaba a salvo.

¿Cómo cobras algo si no tienes siquiera una orden de compra?

¿Cómo cobras si no tienes un contrato?

Teníamos ya varios meses que no les trabajábamos, me enteré poco tiempo después que el proyecto ya no contaba con presupuesto, ¡VIVA!, otra "buena noticia", el sueño se había convertido en una pesadilla.

Cierto día, recibí una llamada de Mr. M, estaba en Manzanillo y quería proponerme un nuevo convenio por un nuevo proyecto que la empresa que este representaba recién había ganado. Imperturbable, comí con él en un hotel, lo recuerdo como si fuera ayer.

- Jaaziel, el proyecto anterior ya se terminó, pero ganamos otro, sé que te debemos -, expresó.

- Mira -, continúo, el nuevo proyecto es más grande, tendrías que pedir un préstamo bancario por 10 millones de pesos porque los pagos te serán otorgados entre cada cinco o seis meses. Inalterable, contesté: - sí claro, sí me lo solicitaré, ¿me darás un contrato verdad? -.

Su respuesta fue: -es probable, pero nos gustaría continuar como hasta hoy -.

- Otra cosa -, expresó Mr. M, - la iguala subirá considerablemente, pero mi oferta es esta:

70% de la ganancia es para mí y el 30% será para ti -.

¿Qué contestar ante eso?,

- Cuento contigo, ¿verdad? la compañía está muy contenta con tu trabajo Jaaziel -.

Creo que nunca he sido tan sagaz como en esa ocasión.

- Oye, suena super bien porque habrá mucho más trabajo ¿lo entendí bien? -, contesté.

- Así es Jaaziel, entendiste perfecto -, respondió.

- Dame un minuto -, tomó su teléfono - es un hecho, ¿verdad? -, volvió a preguntarme.

- Claro que sí, cuenta conmigo - afirmé.

Antes de salir del restaurante, el pago de más de dos mdp cayó en mi cuenta.

Salí temblando del restaurante, con sentimientos encontrados, alegre por el pago y enojado porque: ¿qué hubiese pasado si le hubiera dicho que no?, no me gustaba para nada su inhumana propuesta. Ya en mi auto tomé el teléfono y le envié un mensaje que decía más o menos así:

Mr. M., no me interesa continuar trabajando con ustedes.

Me llamó por teléfono, nunca en mi vida había escuchado que una persona dijera tantas groserías en tan corto espacio de tiempo, colgué.

Mr. D, continuó llamándome durante varios días, nunca le contesté.

Después supe que Mr. D y Mr. M crearon una empresa casi con el mismo nombre que la mía, no pudo ser el mismo nombre porque era marca registrada ante el IMPI -al menos eso hice bien-.

No pasaron veinte días cuando tuve la convulsión por estrés.

Análisis, doctores, más análisis y más doctores, nunca encontraron la falla, han pasado más de 10 años y jamás he tenido otro evento convulsivo. Nuevamente obtuve conocimiento importante de una forma demasiado costosa.

Así como no es lo mismo lugar y espacio, diálogo y disputa, estrategia y estratagema, tampoco es lo mismo trabajar con contrato que sin contrato.

¡Trabajar sin contratos es un error que podría llegar a tomarnos la vida!

Trabaja con tantos contratos, órdenes de compra y demás documentos por escrito que aboguen legalmente por ti, esto te evitará el vacío de la desilusión.

3. El técnico en refrigeración

Muere hoy o vive hoy,
mañana no, porque
mañana serás solo un metal que resuena.

Con más de 40 años de experiencia, el técnico ha visto evolucionar los refrigeradores domésticos "para mal".

En la entrevista que tuve con él me dijo: ya los fabrican para que duren cada vez menos, no compres refrigeradores inverter, no hay refacciones. Antes se hacían "aparatos" para que funcionaran muchos años, hoy los hacen desechables.

También se lo decía a sus clientes.

A sus 65 años tenía la reputación de ser un excelente técnico, confiable y honesto. Sin embargo, carente de ahorros, viviendo al día como muchos microempresarios, su capital de trabajo era menor a diez mil pesos mexicanos.

No siempre fue así, hubo algunos años en donde compraba autos de agencia, "nuevos, de paquete" incluso en una ocasión, recién adquirida una pick-up, justo saliendo de la agencia de autos, la llevó a ponerle llantas y rines "de lujo", esa fue una sola vez, ya hace más de 20 años.

Tuvo la oportunidad de llevar a su familia, en solo una ocasión, al CICI de Acapulco y sus hijos nadaron con delfines. También se permitió regalar a su hijo un viaje en avión desde Guadalajara a la ciudad de México porque era el sueño del niño.

El técnico trabajaba incansablemente, subía refrigeradores a casas ubicadas en lugares altos como cerros o edificios de departamentos, a los cuales solo se llega mediante el esfuerzo de subir un escalón tras otro.

Pero al día de hoy está decepcionado, aún tiene fuerzas para trabajar pero está desilusionado de los clientes.

- No solo los refrigeradores han evolucionado para mal, también los clientes -, comentaba.

Los clientes que son jóvenes exigen rapidez y las personas adultas mayores creen que las reparaciones durarán años.

-Yo no fabrico refrigeradores, tampoco refacciones-, molesto lo decía.

Conforme pasa el tiempo, los clientes tienen la percepción de que están siendo estafados por el técnico y éste cada vez es menos tolerante. Al escucharlo su rostro cambiaba, se notaban líneas de desesperación.

- La explicación es la misma, yo no fabrico refrigeradores ni refacciones, no deseo robar a mis clientes, pero los equipos son cada vez más dependientes de una tarjeta electrónica que hace fallar todo el sistema en cascada, de componentes más delicados y de menor duración. No compres refrigeradores *Inverter* si no quieres morirte de un coraje -, terminó su oración.

Las fallas de este tipo hacían que otorgara muchas garantías y su flujo de efectivo, en consecuencia, era menor, ahora trabaja más y ganaba menos y para colmo de males se enojaba mucho más, ya no disfrutaba su trabajo.

Hoy en día cuenta con una camioneta de trabajo, el color debería ser blanco, el cristal trasero está completamente quebrado, tiene más de 350,000 kilómetros y solo cambia llantas, ya que una de ellas se atreve a mostrar su negra alma de acero.

Siempre ocupado, siempre con solo lo suficiente, solo lo suficiente para la nómina, solo lo suficiente para el "chivo" (dinero que se le da a la esposa cada semana para los gastos del hogar y la comida) y solo lo suficiente para una comida en algún restaurante de mariscos el domingo.

El técnico pudo darle estudios a sus hijos. A mis ojos, es un digno ejemplo de un buen hombre, casado desde hace más de cuarenta años, amoroso abuelo, hombre de iglesia y gusta de ayudar a la gente que le rodea.

Pero con respecto a su trabajo, su comentario es triste:

-Si tuviera dinero me dedicaría a modificar carros, así como el programa de "los Mexicánicos", de *History Channel*, como el señor Vaca-.

Pensé en él toda esa noche, fue difícil conciliar el sueño, cuando comentó lo anterior su cara se iluminó de alegría, como un niño divertido, travieso, seguro y consolado.

Los problemas de este gran hombre no son aislados o únicos, esto es lo que vive la mayoría de los microempresarios en nuestra nación y es imperativo cambiar pronto, ellos añadiendo un poco de estrategia legal y administrativa y nosotros como clientes pagando lo justo, olvidándonos del regateo.

A continuación, me permito exponer un breve análisis y una propuesta ante la situación previamente planteada.

Breve Análisis y propuestas de solución

Visto desde afuera, el problema parece sencillo, pero al calor del sol y bajo el peso de un refrigerador, la solución parece no existir o, en el mejor de los casos, está muy lejana.

Solo basta un pequeño ajuste para disfrutar de la bendición del fruto de nuestro trabajo.

Problema 1.

Los clientes le llaman cada día para ver si el refrigerador ya está listo. Él promete hablar una vez que esté reparado, pero pueden pasar varios días y el cliente no recibe noticias.

Por Dios ¡es un refrigerador! los que nos hemos quedado sin este enser doméstico sabemos el dolor que ocasiona, es como acercarse a las llamas ardientes clavados los ojos y arrancadas las uñas, como ser pateado en la espinilla por un jugador profesional de fútbol o mordido por un cocodrilo. Es posible que haya exagerado un poquito, pero de que duele, duele.

Propuesta simple de solución.

¡Seguimiento! Brindar retroalimentación al cliente. A más de 18 años de experiencia, parece que el talón de Aquiles de casi todos los empresarios que caemos en la clasificación PYME es el mismo, otorgamos un pésimo seguimiento incluso en la cobranza, ni hablar del servicio post-venta.

Sin embargo, mediante la aplicación gratuita de WhatsApp, al final de cada día, toma 15 minutos para dar estatus a todos sus clientes (cabe mencionar que no cuenta con más de 20 refrigeradores en su taller), esto no solo es viable, sino también factible.

Solo por esta sencilla acción el cliente se sentiría más satisfecho. El dolor no disminuirá, pero sabrá que se está trabajando en su refrigerador, el técnico no tiene ningún otro cliente más importante que él, no tiene ningún otro trabajo más allá del suyo, no existe nada en el mundo más crucial que solucionar el problema bien y rápido.

Deberá tener un mensaje para informar a sus clientes, algo así:

Buen día, te envío foto de tu refrigerador. Como ves, estamos trabajando en él, nos esforzamos por devolverlo lo más pronto posible.
Continuaré dándote información.
¡Gracias por tu paciencia!

¿Sencillo?, sí pero su fuerza es como la de un tractor de 60 toneladas.

Problema 2.

Los clientes "creen" que las reparaciones realizadas tienen una garantía de al menos 1 año.

Solución.

El técnico debe emitir un contrato de servicio estipulando una garantía de solo 3 meses, sus reclamos comúnmente son posteriores a 8 meses (según sus comentarios). Esto fácilmente puede ser redactado por un abogado mercantil e incluso digitalizado para ser firmado mediante una aplicación telefónica o una copia impresa.

Así, cada vez que se entregue un refrigerador reparado, se entregaría el reporte y en éste la leyenda: "tres meses de garantía".

Un contrato, un acuerdo y a dormir tranquilo. Más adelante verás la moraleja de las historias.

Problema 3.

Los clientes no quieren pagar, cuando perciben que se trata de una garantía.

Solución.

Aunque bien puede aplicarse la solución anterior, este problema integra una variable diferente pero sencilla de resolver.

El técnico recibe una solicitud de servicio mediante llamada telefónica, recibe el reclamo y este rápidamente observa que se trata de una garantía porque "recién lo reparó", tranquilamente deberá buscar en su archivo digital o impreso cuándo fue la fecha exacta para simplemente indicar que no entra en garantía y tendrá un nuevo costo de reparación.

El técnico eliminará los malos momentos trasladando así menores "costos" a su salud.

Esta solución representa el reto común de casi toda microempresa, falta de estructura organizacional, es decir, el desafío de tener una buena administración:

- Planear
- Organizar
- Dirigir
- Controlar

Tal vez leer estas cuatro fases de la administración podría provocar una aversión fatal para el técnico y cerrarse a la posibilidad de evolucionar, de mejorar, pero solo así evitará caer en el fango de sus problemas actuales.

Basta invertir unas cuantas semanas para solucionar problemas añejos, planear es justo lo que se está leyendo en estas líneas, las otras 3 fases pueden ser realizadas mediante el apoyo profesional de un contador, abogado laboral o un consultor especializado en estructura organizacional.

Adoptar límites te evitará caer en los dolores físicos y emocionales de la desilusión.

4. Impuntualidad

He de decir la verdad desde esta primera línea, me cuesta trabajo la puntualidad, sin embargo, convengo que la puntualidad es un hábito, un valor que no solo caracteriza a una persona y la hace ver bien, sino que lo acepto como reflejo de aquello que realmente se desea.

Se dice que el interés y deseo están intrínsecamente relacionados con la puntualidad. Napoleón Hill escribió que detectó, en la historia de la declaración de la independencia de los Estados Unidos, al menos seis principios:

Deseo, decisión, fe, perseverancia, trabajo en equipo y planificación organizada.

Curioso que Hill empiece detectando el deseo, y ¿quién podría negar que en el ser humano el deseo es el primer elemento de empuje?

Otra lección de alto valor la aprendí en los primeros años de mi trayectoria empresarial. Un hotel de la ciudad estaba por cambiar su conmutador telefónico para todas sus habitaciones, el proyecto podría tener efectos positivos en la economía de mi pequeño negocio.

Mi cita estaba pactada a las 9:30 a.m., el dueño del hotel era un alemán poco conocido en el puerto de Manzanillo, Colima. Mi empresa estaba recomendada y la secretaria planteó que él me atendería personalmente.

La cita era el primer acercamiento, quería conocerme en persona.

Estaba emocionado porque quien me recomendó me dijo que el trabajo era prácticamente mío, también me hizo algunas indicaciones:

- Vete bien presentable
- Escucha bien sus necesidades
- No hables mucho
- No te comprometas con cosas que no puedas cumplir
- Lleva una presentación de Integra GicCom

El día llegó, el hotel estaba a pocos minutos de mi casa en carro, me quería ir directo sin pasar por la empresa.

Llegué a la recepción en esa fatídica mañana, bien vestido, con mi carpeta de presentación y listo para ser un excelente escucha.

- Buen día señorita, tengo cita con el Sr. Hans, mi nombre es Jaaziel Flores -.

- Sí, tengo un recado del Sr. Hans para usted -, dijo la recepcionista, - no lo recibirá más, su cita era a las 9:30 a.m -.

Aún aturdido, le contesté: - señorita, es correcto, mi cita es a las 9:30 a.m. por eso estoy aquí -.

- Ing. Jaaziel, son las 9:45 a.m. -, declaró la señorita, - los alemanes son muy puntuales -.

Y groseros, pensé en ese momento para mis adentros. Regresé a la oficina y mi esposa ya había llegado a trabajar, - ¿cómo te fue? -, preguntó.

- No me recibieron -, le platiqué. Tal vez ya estaban arreglados con alguien más, aún seguía siendo incapaz de aceptar que cometí un error, pero mi esposa tiene en sus genes la puntualidad, tal vez desde los 2 años de edad la empezó a practicar (imagino que lloraba por leche exactamente a las 6, 9, 12 y así cada tres horas puntualmente).

Como buena esposa me dio un regañón, me dijo lo impuntual que yo era y lo poco que me importaba serlo, - no solo son los alemanes Jaaziel, la puntualidad es mostrar respeto a la otra persona -, le contesté que los clientes siempre me hacían esperar. - Sí -, me dijo, - ¿y?, tú siempre, no en ocasiones, siempre tienes que ser puntual -.

Está por demás expresar que desde esa ocasión he llegado puntual a todas las citas de trabajo, tal vez por respeto a los clientes o tal vez por miedo a mi esposa.
Han pasado dieciocho años desde ese momento, curiosamente jamás he trabajado en ese hotel, y vaya que hemos tratado de entablar relación laboral, pero al parecer las puertas siguen cerradas.

¡Qué exagerados!, no te creas Carmelita, amada esposa mía, yo tuve la culpa.

Adoptar la virtud de la puntualidad es un ingrediente para generar y hacer producir efectos positivos en nuestro emprendimiento. La persona que se dice empresaria deberá tener este valor.

5. Decisiones Precipitadas

Autocontrol, templanza, mesura, son cualidades humanas que habitan en mí, muy en lo profundo, tan profundas y escondidas, que casi nunca las veo.

Tal vez de estas historias es la que hoy más me duele por lo reciente del hecho.

Estamos hablando de un super cliente, mi empresa contaba con una excelente recomendación desde dentro de esa gran compañía. Me encanta rodearme de personas con temperamento contrario al mío, de personalidad sanguínea, melancólica y flemática pero no colérica porque sería una bomba de tiempo que estallaría más rápido que un galgo persiguiendo un conejo.

El temperamento colérico tiene muchas cualidades buenas, pero la mesura no es una de ellas.

Una de las personas más sabias que conozco se llama Adam Chandler Duncan, todos le decimos simplemente Adan, es un filántropo, hace más de 40 años se vino de Estados Unidos a vivir a Manzanillo, Colima por amor a nuestro puerto y desde su llegada se dedicó a trabajar por las personas y procurar el bien de manera desinteresada.

En mi juventud él me dijo que yo era una persona muy explosiva de carácter. Me hizo una pregunta: ¿Cómo distinguir qué tipo de líquido tiene un tambo cerrado de 200 litros?, podría ser gasolina o agua,

¿cómo sabrías cuál es cuál si los dos contenedores externamente tienen el mismo color, las mismas etiquetas, las mismas características de peso y altura?

Me dijo: -libres de estrés, los líquidos se comportan de manera idéntica, la diferencia llega si son golpeados o si se exponen al fuego, uno explotará y el otro seguirá imperturbable, no detonará jamás-.

-Jaaziel- continuó, -a una persona se le conoce solamente cuando es sometida a pruebas de estrés, cuando la vida lo golpea, solo así se podrá saber que tiene en su interior, gasolina o agua, arde en ira o es pacífico y sosegado-.

Esta lección la aprendí hace más de 20 años y sigo luchando por bajar el octanaje.

La historia será muy breve, tan breve como el cuento del dinosaurio, del galardonado Augusto Monterroso, porque "cuando desperté el cliente ya no estaba allí".

No soy de personalidad flagelaria si esa expresión existe, pero esto fue una serie de errores, como una cascada. Bien vale la pena listarlos para que sirvan de guía, tal vez más para mi persona que para ti, esta es la lista:

1. Nunca es bueno usar el liderazgo de fuerza.
2. Nunca despreciar los pequeños comienzos.
3. Nunca hacer quedar mal a la persona que me recomendó.

4. Nunca enviar correos electrónicos de reclamo a medio mundo dentro de la empresa.
5. Nunca ser antipático e incomprensivo.
6. Siempre evitar perder un cliente.
7. Siempre buscar la paz con el cliente.
8. Siempre confiar en el contrato y la orden de compra.
9. Siempre esperar lo mejor, la negatividad destruye la vitalidad.
10. Nunca, nunca, nunca tomar decisiones precipitadas.

En este punto me permitiré citar 10 características del líder, según Napoleón Hill:

1. Valor inquebrantable.
2. Autocontrol.
3. Un claro sentido de la justicia.
4. Determinación en las decisiones.
5. Exactitud en los planes.
6. El hábito de hacer más de lo que me corresponde.
7. Una personalidad agradable.
8. Simpatía y comprensión.
9. Dominio del detalle.
10. Disposición de asumir toda la responsabilidad.

De esta lista solo dos puntos me hubieran salvado de perder este gran cliente: autocontrol y simpatía y comprensión. Suena sencillo pero para los de temperamento colérico es una tarea titánica.

¿Cuál fue mi gran pecado?

Te lo diré con mucha vergüenza: Temperamento no dominado.

En México decimos que las personas tienen un carácter fuerte cuando son propensas a la hostilidad y al enojo, sin embargo, está mal usado el término. Los japoneses llaman a esto carácter débil, ya que un carácter fuerte es un temperamento dominado.

Regresando al tema, yo estaba molesto porque el cliente no me contestaba los correos ni los mensajes, mucho menos las llamadas telefónicas; Me dije: sé que es una compañía muy grande, sí, muchos quieren ser sus proveedores pero no pagan a tiempo y no contestan, no me importa perderla, lo pensé e incluso lo expresé verbalmente a la persona que me recomendó y, claro, le impactó.

Una vez más en mi vida, como en la historia de Alvin y Poncho, me llegó el consejo de la persona que me recomendó: - Jaaziel, mira, no vayas a enviar un correo haciendo quedar mal al usuario que necesitó de tus servicios, hasta donde sé, les gustó el trabajo -, me dijo.

Continuó: - esa persona no está tratando de dañar tu empresa, simplemente se fue a un curso fuera de la ciudad, motivo por el cuál se retrasó el "good receipt", pero es todo, no te preocupes - insistió.

Sin embargo y aún con ese consejo, seguí adelante con mi intransigencia, "otros los aguantan", pensé en mi interior, "pero yo no me merezco este trato" y envié el correo, justo lo contrario de lo que me habían aconsejado: no dejar mal parado al usuario que necesitaba mis servicios. ¡Wow! muy bien Jaazielito.

Me duele incluso escribir estas líneas, porque vuelvo a vivirlo.

Sin más que decir (más por pena que por falta de palabras), debo confesar que perdí un gran cliente, de clase mundial.

Y duele, duele cuando despiertas del error.

Espero que tú seas mucho más inteligente emocionalmente que yo, apelando a ello, te invito a leer el anexo número 2 que se encuentra al final de este libro, sé que será de mucho beneficio para tu vida empresarial.

Te invito a reflexionar lo que dice el refrán popular:

Nadie escarmienta en cabeza ajena.

Se dice que solo podemos aprender de nuestra propia experiencia, sin embargo, yo creo que sí podemos y debemos hacerlo para llegar con todos los dientes a nuestra vejez.

Puede ser que también pienses que esto nos pasa a muchos empresarios, es normal, parece que estamos cortados con la misma tijera, sin embargo, haré uso de otro refrán popular:

Mal de muchos, consuelo de tontos.

Declaración para ti:

El mal de muchos no será tu consuelo.
Tú tendrás siempre altura de miras.
Mis errores cometidos, no serán errores que tú cometerás.
Tú escarmentarás en cabeza ajena.
No tomarás decisiones precipitadas sino decisiones infinitamente cargadas de sentido.

La intransigencia y la inflexibilidad no deben ser parte preponderante de la personalidad de un empresario, en realidad deberían ser usadas como armas de fuego, solo para el bien. Estos dos elementos son tan buenos como las ventajas de tener un temperamento colérico, es decir, ser inflexibles en contra de la corrupción, ser intransigentes contra la mentira, el abuso y el racismo, por mencionar algunos ejemplos. Es como usar un arma como defensa final para salvar a nuestro hijo.

El temperamento colérico tiene ventajas cuando está bien dominado, como ser activo, práctico, independiente, decidido y firme; pero también debemos reconocer (los que lo sufrimos en carne propia) que sus debilidades son muy grandes, entre ellas figuran la hostilidad y el enojo, el sarcasmo, la venganza, así como también la insensibilidad y la desconsideración.

Reconocer el tipo de temperamento es fundamental para cualquier persona que se encuentra con el deseo de emprender y dominar el temperamento es caminar hacia la cúspide, a cualquier cúspide.

Ser conscientes de nuestro temperamento y contar con sistemas de control emocional, nos evitará caer en la desgracia de la desilusión. (Ver anexo 2).

6. Compras Riesgosas

Es una regla de las inversiones, *a mayor riesgo mayor ganancia*, y lo contrario va junto con pegado, es decir, mayor pérdida también. Todo buen inversionista sabe que el riesgo se puede asumir siempre y cuando no represente un grave problema a sus finanzas. Solo se arriesga lo que se tiene y en caso de que se pierda puedas dormir tranquilo, por decirlo de cierta forma.

Es muy común comprar autos usados, la mayoría de los emprendedores empezamos así, adquiriendo un auto que no es de agencia.

No obstante, la compra de un automóvil es una inversión que debe verse como de medio-alto riesgo, por las siguientes razones:

1. El emprendedor promedio no cuenta con suficiente capital para asumir una pérdida de más de cinco u ocho mil dólares (entre cien y ciento sesenta mil pesos mexicanos).
2. Un vehículo es imagen corporativa, así como una página web.
3. Un vehículo es sustancialmente peligroso, con esto quiero decir que pone en riesgo la vida de sus ocupantes.
4. Entre otras cosas puede ser un barril sin fondo, componente tras componente se

descompone y componente tras componente nos requerirá dinero.

En mi niñez ocurrió un evento que me impactó mucho: mi padre tenía un "vochito", un escarabajo volkswagen modelo 1979, ya tenía como once años de vida y ese carrito era un continuo desfile de fallas, mi padre siempre lo reparaba. Cierto fin de semana fuimos a visitar a nuestra familia de Armería, Colima, desde Manzanillo. Es una distancia de poco menos de cincuenta kilómetros, realmente poco trayecto.

Recuerdo que era un domingo, salimos temprano y llegamos al pequeño pueblo en poco menos de una hora, viajamos en el auto junto con mi padre, mi madre, mi hermana, mi abuelita Ana y yo. Convivimos algunas horas en dicha ciudad con la familia y nos regresamos aún con el día soleado.

A la mitad del camino de regreso, ocurrió la desgracia.

En el asiento trasero mi hermana, mi abuelita y yo íbamos escuchando la música de papá, la aguja del tacómetro marcaba ochenta kilómetros por hora y el olfato de mi abuelita indicaba olor a plástico quemado. Poco después, por la temperatura elevada percibida en el cuerpo de la ancianita, expresaba en alta voz: *"esta chingadera se viene quemando"*.

Mi padre rápidamente se detuvo y, tan pronto abrimos las dos puertas del auto, bajamos los cinco. El motor empezó a arder en llamas. Para un niño de

9 años era un espectaculo más que impresionante, no podía creer que el carrito de la familia podía ofrecer algo más que transportación. Tiempo después, lo recordaba como mi primer encuentro cercano con el más allá.

Pasados los años, ya con mi emprendimiento, recuerdo que hicimos un trabajo para el Instituto Mexicano de Migración en Manzanillo, Colima y, bendito sea Dios, la ganancia proyectada fue la ganancia obtenida.

Yo aspiraba regalar un vehículo a mi padre, con la ganancia de dicho proyecto ya en la cuenta bancaria de la empresa, llamé a la agencia Ford y solicité información de una unidad, hice cita y me dirigí hacia la ubicación, perfectamente recuerdo que al llegar al estacionamiento estaba una persona vendiendo una camioneta usada Ford V8 Flareside, preciosa, pintada impecablemente en color blanco, según el vendedor, pertenecía a un viejito que solo la usaba para ir a su rancho y regresar a su casa, tenía poco kilometraje y el motor ronroneaba como cachorro de león.

El precio de venta era la ganancia de mi proyecto y un poquito más, por lo tanto, el cielo mismo me puso esa "bendición". ¡Error!

Revisamos papeles (la camioneta era americana legalizada), todo bien con los papeles, porque los revisó mi maravillosa esposa, pero hice caso omiso a su consejo: *Jaaziel tú no sabes de autos usados, llévala al mecánico y paga la valoración.*

-Amor mío, no escuchaste que esta persona solo estará el día de hoy en Manzanillo, dijo que lo encontramos de casualidad, es una buena oferta y hay que tomarla en el acto-, *"sabiamente"* le contesté. ¡Otro Error!

Una vez hecha la fabulosa compra, mi esposa y yo se la llevamos a mi padre.

-Papá, te tengo una sorpresa, quiero darte las gracias por todo lo que has hecho por mí. Carmelita y yo queremos regalarte esta pick-up-. Mi padre se quedó sin palabras. Yo estaba más que feliz y mis papás también.

Ahora bien, mi padre sí sabe de autos usados, además tiene amigos con talleres mecánicos y mi tío, que es su cuñado, además de tener un taller mecánico, tenía especialidad de eléctrico automotriz. Mi papá inteligentemente la llevó al servicio, al hacerle el cambio de aceite, resultó que no tenía aceite "normal" sino aditivo restaurador de motores, ¡litros y litros de aditivo!

Fue un fraude.

El motor necesitaba una reparación mayor y el precio ascendía a casi el costo de adquisición del vehículo.

Los vendedores de autos (bueno no todos, pero sí muchos) usan la misma historia: *"Este carro era de una viejita -o viejito- que lo usaba muy poquito y lo mantenía en perfecto estado"* ¡cuidado! si escuchas esto, lo más probable es que te estén mintiendo.

A un amigo de la iglesia donde asisto le pasó algo similar, misma historia de venta pero, una vez adquirido el vehículo el mecánico le dijo que los cables de los sensores e indicadores digitales (comúnmente conocidos como testigos) estaban "eliminados" para no dar ninguna indicación de falla.

Todo vehículo usado debe ser revisado por un especialista, más vale perder 100 o 200 dólares por una revisión exhaustiva.

No solo comprar autos es una inversión de alto riesgo, también la compra de bienes inmuebles, como casas o terrenos.

Tenía un *"buen amigo"* que me vendió un terreno a pagos, como mi persona ya estaba consciente de hacer todo por escrito, formalizando mediante contratos, abogados y notarios, hicimos la compra-venta de esta forma. Firmamos y acordamos en presencia de notario la forma de compra.

Pero...

Al realizar los abonos, lo hicimos pésimamente mal, mi amigo me facturaba por conceptos de servicios, yo hacía los pagos, *lógicamente* eran para el terreno, pero cuando hay dinero involucrado en ocasiones los *"buenos amigos"* se vuelven tenaces como lobos, observan la oportunidad de una presa fácil, huelen sangre como tiburones, se mueven sigilosos como leopardos y de un solo golpe asestan la garra como el oso sobre el cuello de la víctima.

Ese fue mi caso. Mi "amigo" vió la oportunidad y la tomó.

Al no haber comprobante de pagos realizados por el concepto específico de la compra de dicho terreno *"mi buen amigo"* simplemente volvió a vender el terreno a otra persona, esa persona lo pagó y esa persona hoy es el dueño legal del mismo.

Cuando le hice el reclamo me dijo que no le había abonado nada al terreno y que si quería ir a demandar el exigiría que le comprobara los pagos, fácil y sencillo. Ahora ¿quien crees que salió perdiendo casi diecinueve mil dólares?, sí, mi querido lector, Jaaziel Flores, estoy pensando en cambiar mi apellido a dolores, Jaaziel Dolores, suena mejor.

Evita hacer compras riesgosas, esto te permitirá cuidar tu frágil economía, dormir tranquilo, seguir teniendo amigos y sobre todo eludirás la desilusión.

7. El accidente, ¿y la póliza?

Continuando un poco con el tema de los autos.

Pensar la vida sin la existencia de un automóvil es prácticamente imposible, ya que son *de uso cotidiano*.

Además, concebirla desde un punto de vista empresarial caería en la clasificación de *¿cómo, neta?* al menos para aquellas en la categoría de empresas de servicios. Debo dejar implícito, empero, que no todos cuentan con un automóvil, por lo tanto, en el hecho de que un auto es un privilegio y una necesidad, reside la sustancia de esta historia.

Ahora, percibir un auto de manera tan *normal y cotidiana* es similar a percibir el océano como una alberca infantil de cincuenta centímetros de profundidad, es decir, riesgos casi nulos, el problema es el "casi" (incluso en una alberca).

Uno de mis primeros acercamientos con las consecuencias de no tener una póliza de seguro vehícular ocurrió con un amigo. Él fue de los primeros que al terminar los estudios profesionales consiguió trabajo en una institución bancaria, todos los demás humanos recién egresados estábamos desempleados, su estilo de vida comenzó a cambiar, se dice que *tanto el mal aliento como el dinero no se pueden esconder*.

Cabe mencionar que mis compañeros y yo, al estudiar en la universidad, sobrevivimos con el salario mínimo o tal vez con un poco menos, por lo cuál, si uno de nosotros tenía tres o cuatros veces dicho salario automáticamente era una persona rica, él era esa persona *pudiente*.

Mi amigo no solo ganaba bien, sino muy bien, no es importante trasladarlo a salarios mínimos, dado que no lo considero necesario para los efectos de este relato. En fin, he aquí su forma de pensar:

El creía que las deudas no eran buenas -te quitan el sueño-, decía. *Bien.*
El creía que no tenía la suficiente fuerza de voluntad para usar de manera responsable las tarjetas de crédito, por lo tanto no contaba con una. *Bien.*

Él creía en el ahorro y en la inversión. *Bien.*

Él creía en el trabajo duro y constante. *Bien.*

El creía que las pólizas de seguros en lo general eran un robo -son demasiado caras y es poco probable que se lleguen a usar-, comentaba. *¡Error!*

Sin más, aquí te dejo el chisme.

En México la empresa automotriz Nissan lanzó un modelo llamado *Platina*, allá por la década de los noventas. Mi amigo se enamoró de ese modelo, planeó comprarlo, así que estableció su meta de ahorro, estaba decidido a obtenerlo pagándolo de contado, sin necesidad de algún crédito bancario.

Así lo hizo y lo logró. Por cierto, yo lo admiraba por su infranqueable decisión de ahorrar para alcanzar un objetivo. Lo que nadie sabía era que lo compraría sin una póliza de seguro; en ese tiempo, si comprabas un auto de agencia de contado, tú decidías si lo querías con seguro vehícular o no.

La respuesta inminente: *no lo necesito*, aún no le preguntaban, pero cuando el vendedor lo hizo recibió justo la programada respuesta: -no compraré póliza de seguro-, expresó firmemente mi amigo.

Existen elementos muy tristes pero dignos para obtener aprendizaje en cabeza ajena, a mi parecer es el más visible e importante de abordar, lo diré al final de esta historia.

Mi amigo compró el auto de contado, ahorrando, trabajando arduamente y mostrando convicciones contra las deudas bastante plausibles, diligente e inteligentemente cumplió con la leyes de tránsito, una de ellas es la licencia de automovilista para manejar en la República Mexicana, la obtuvo sin problema.

Poco menos de un año disfrutó del brillo y el aroma, así como de las miradas de los transeúntes al pasar, mismas que vienen incluidas al adquirir un auto nuevo, según los detalla el contrato en la cláusula 129b párrafo 10 que dicta: *al comprar este maravilloso auto tendrás 3,497 miradas en un periodo no mayor de 7 meses*. Mi mirada fue una de las muchas, de verdad daba gusto ver ese caballo blanco (según la canción del grupo de rock *La Maldita Vecindad*).

En una tarde cualquiera, cuya fecha no quiero recordar sucedió el evento que cambió gran parte de su juventud: un familiar chocó en el auto de mi amigo. No hubo lesionados, al menos no de gravedad, el accidente fué muy aparatoso; el resultado: pérdida total de la unidad. El familiar de mi amigo había tenido la culpa, por lo tanto habría que cubrir los gastos del otro auto antes que del suyo, así como pagar la grúa y otros gastos no menores. Su familia era de escasos recursos, así que la responsabilidad caía casi exclusivamente en él.

Menos de un año lo disfrutó junto con su novia, solo unos cuantos meses de gloria. Mi amigo tuvo que pedir un préstamo bancario para pagar al afectado, esto le dolía más por la deuda que por cualquier otra cosa. Pero algo peor se venía, unos pocos meses después del accidente, la empresa donde trabaja decidió recortar personal. Dada su posición, él nunca pensó que sería uno de los elegidos. Lo despidieron.

Sin trabajo, sin auto y con una deuda encima de sus hombros (por cierto, acaba de sacar una casa con crédito Infonavit) su ánimo rápidamente decayó. Lo que más recuerdo de ese tiempo era su semblante triste, muchos conocidos continuaban recalcando el error, *¿cómo es posible que no contaba con seguro vehicular?*, en muchas ocasiones tanto conocidos como amigos somos crueles invasores de la mente ajena.

Esto le traía una vergüenza tal que pronto dejó de asistir a la iglesia donde nos congregamos. En un par de ocasiones le llamé por teléfono para saludarlo, pero no era el mismo. Pasaron años de "luto", lo recuerdo perfecto. En alguna ocasión lo encontré en una plaza comercial y su semblante y caminar eran diferentes, él siempre hacía bromas, ese día me saludo solo por mi nombre con un saludo escaso de alegría y se retiró en el acto, lo último que supe fue que decidió emprender un pequeño negocio para *no ser un empleado más*, abrió una ferretería también con dinero prestado, por cierto.

Como te comenté anteriormente, lo que me impactó fue el tiempo de recuperación en lo que al ánimo se refiere. Él no era rico, era un buen trabajador, clase-mediero, de familia trabajadora, pero sin los recursos suficientes para permitirse un accidente que provocara pérdidas por más de treinta mil dólares.

Esto es lo más importante: ¿calculamos el tiempo de recuperación ante un evento que nos podría dejar en bancarrota? y tal vez una pregunta más profunda: ¿se puede calcular?

Mi empresa estaba aún en pañales cuando sucedió el proceso de "pena" de mi amigo, así, en primera fila observé esa historia de la vida real. Fue tan fuerte para mi vida que dejó un aprendizaje tatuado en mi ser: siempre, no a veces, siempre que yo manejo un auto, éste debe contar con seguro vehícular, ya sea propio o prestado.

Este conocimiento adquirido en cabeza ajena ha sido rector en mi vida, pero...

¿Recuerdas que la vida está compuesta de capas y capas?, hace pocos años, uno de los vehículos de mi empresa tuvo un accidente donde una persona quedó afectada, se había vencido el seguro de ese auto, el único que no contaba con póliza de seguro se involucró en un accidente. ¿Qué pasó?, es política de mi empresa no usar autos sin seguro vehícular y nadie puede manejar un auto de la compañía si no cuenta con su respectiva licencia, requerida según el vehículo a conducir.

Nuevamente, ¿qué sucedió?

Lo que pasó fue esto: la responsable de verificar los seguros de los autos de la empresa no hizo bien su trabajo. Ahora bien, su supervisora no supervisó adecuadamente esta tarea, aún más arriba, mi esposa es la que tiene alarmas en su teléfono que le indican cuál auto tiene su seguro próximo a vencer. Pues de ese vehículo no tenía alarma y, por último, nuestro ejecutivo de ventas de seguro automotriz no envío correo (como siempre lo hacía) para recordar a la responsable primera del vencimiento de la póliza de seguro de dicha unidad.

Como puedes ver, el tal Murphy con su famosa ley tenía razón. *"Si algo puede salir mal, saldrá mal"*, pues sí, aun con todos los filtros, todo lo que pudo haber salido mal, salió mal.

¿Ya tenemos más mecanismos en la empresa para evitar este error? sí.
¿Basta con tener la mentalidad correcta? no.
¿Basta con tener políticas en la empresa? no.
Es necesario adoptar, dormir y soñar con la fase administrativa de Control, continuo y persistente, control aquí y supervisión allá. Pruebas aleatorias.

La mejora continua en los procesos de control será lo que nos ayudará con una mayor probabilidad a mitigar los riesgos de nuestro emprendimiento y, en consecuencia, a ser mejores empresarios, evitando así la desilusión de ser empresarios.

A riesgo de sonar repetitivo, un empresario debe tener su testamento, seguro de vida y pólizas de seguros vehiculares. Si no lo hace por responsabilidad, entonces apelo al amor: por amor a sus seres queridos.

He preguntado a algunas personas que tienen negocio, casi todos, debo aclarar, coinciden en que es mejor pagar una póliza de seguro vehícular y no usarla, que no pagarla y tener la necesidad de una.

Ahora, un accidente automovilístico puede tener consecuencias fatales, si le preguntamos a 100 Mexicanos, dirían: *sí es cierto*. No obstante, hay algo en lo que la mayoría no está de acuerdo, esto es, tener un testamento.

Según el Instituto Nacional de las Personas Adultas Mayores (INAPAM) del gobierno de México, la elaboración de un testamento también significa un acto de amor hacia familiares y amigos.

Menciona, además, que el testamento "es un acto personalísimo, revocable y libre, por el cual una persona capaz dispone de sus bienes y derechos, y declara o cumple deberes para después de su muerte", según el Código Civil.

Lo triste es que según este instituto, México se encuentra entre los últimos lugares de los países de la OCDE en materia de cultura testamentaria. Se calcula que solamente entre el 17% y el 20% de los mexicanos elabora su testamento.*

Algunas excusas para no tener testamento:

- *Mi pareja y yo no logramos ponernos de acuerdo en algunos puntos importantes.*
- *No tengo nada, aparte de esta humilde casita.*
- *No me estoy muriendo.*
- *Soy muy joven.*
- *No me gusta hablar de eso.*
- *Ha de ser muy caro.*
- *En cuanto haga el testamento mis bienes ya serán de mis hijos.*
- *No tengo la menor idea de cómo se hace.*

Entre otras respuestas similares.

Te invito a que hagas la prueba y verás que te responderán algo muy parecido.

Tal vez el caso más triste que he vivido sobre este tema es lo que le sucedió a uno de mis mejores amigos, desgraciadamente tuvo un evento trágico, tuvo una muerte inesperada (por decir lo menos) y murió intestado, es decir no dejó testamento antes de morir.

Era un hombre menor de cincuenta años cuando falleció, dejó una carrera en ascenso como catedrático universitario, una linda esposa y una niñita maravillosa de su segundo matrimonio, también le sobrevivieron dos hijos que concibió con su primera esposa.

La estabilidad económica de Paco, como le llamábamos sus amigos, era excelente. Su esposa era ama de casa -aunque abogada de profesión- y lo disfrutaba. Un matrimonio en serio respetado en los círculos sociales en los que se rodeaban, era una persona realmente amable, siempre contento e incluso se daba el tiempo para enseñar a los jóvenes de la iglesia a la cuál asistía.

Al menos un domingo al mes nos juntabamos en su bonita casa las familias más cercanas. Cabe mencionar que mi bella esposa parece que trabaja en un despacho jurídico, a todos les insiste que hagan su testamento. Paco y su esposa no fueron la excepción, no solo una, sino varias veces les recomendó hacer su testamento.

Falleció intestado.

Su esposa no tuvo tiempo de pasar su correspondiente luto, los trámites mataron su duelo reemplazándolo por una angustia diferente; poner en orden los papeles de un inmueble intestado es un proceso muy complejo que requiere de la intervención de un abogado y un juez.

Trámites tras trámites, papeleos aquí, papeleos allá, visitas al registro público de la propiedad, así como el juicio sucesorio que sufren los seres amados que les sobreviven. Fueron meses de pena, su peso bajó considerablemente; así mismo, pareció aumentar años a su edad, el llanto era su pan de cada día, te conmovía su rostro, su hija preguntando por su papi hacía querer alejarte para no escucharla. En pocas palabras, era una situación tristísima y muy tensa.

Sé bien que un consejo no solicitado es un consejo mal dado, pero me permitiré otorgar esta amonestación después de contemplar de cerca el dolor de la esposa de mi amigo Paco: *si no quieres pagar una póliza vehícular, no tengas vehículos y más importante: si no quieres hacer un testamento no tengas ni dinero, ni propiedades, ni familia.*

Y este consejo no solicitado te doy porque como empresario es uno de los mejores apercibimientos que tendrás hoy.

Muchas de las desilusiones que padecemos los que contamos con un emprendimiento es resultado de la carencia de una cultura de prevención.

Me permito nuevamente hacer una fórmula:

Prevención = Definición del problema - Arrogancia de creer que tenemos todas las respuestas + Recibir consejos de expertos + Adoptar la solución.

Crea tantos filtros y barreras como puedas.

Contar con pólizas de seguros y testamento te servirá para eludir el amargo fruto de la desilusión.

8. El niño que me regaló un trabajo

El principito, la pequeña novela escrita por el gran autor Antoine de Saint-Exupéry, es uno de mis libros favoritos, todas las personas deberían de leerlo al menos dos veces en su vida. Tanta simpleza y tanta sabiduría presentadas en una forma tan simple y romántica hacen de esta obra una belleza literaria.

El niño que me regaló un trabajo es mi hijo, es sociable como su mamá. Con apenas catorce años de edad, juega tenis como Rafa Nadal (bueno, así lo perciben mis ojos de padre). Cuando llega al club donde entrena, saluda a muchas, muchas personas y yo pasé de tener nombre propio a ser *el papá de David*. Asunto que para nada me molesta, al contrario, me hace sentir orgulloso.

Mi hija como buen alma de artista, es mucho más reservada, sus amigas las cuenta con los dedos de su mano derecha y para ella es más que suficiente. La adoro, y me sigue impactando lo diferentes que son. Ella es más parecida a mí en muchos aspectos, por cierto, no es por presumir (sí es por presumir) pero, la actriz y cantante mexicana Lolita Cortés capacitó a mi hija en actuación y canto (en realidad fueron tres días de una Master Class, pero nadie tiene que saber eso).

Cierta ocasión un amigo me recomendó con una persona llamada Ricardo para hacer un trabajo, de esos negocios que llamamos *core business*, que son estos proyectos objetivo que como empresa buscamos constantemente porque son de grado industrial, ellos requieren de cierto tipo de *expertise* que mi empresa, gracias a Dios, ya tiene.

Ricardo me llamó y me dijo que le gustaría que nos viéramos en mi oficina para platicar de sus requerimientos. El día llegó y nos reunimos según lo acordado, le presentamos nuestra empresa, hizo algunas preguntas y le planteé la posible solución a su problema; le gustó y me dijo que trabajara en la cotización.

Pasados algunos días, le envié la propuesta por correo y nuevamente acordamos reunirnos, revisamos punto por punto la cotización, así como la propuesta técnica y lo noté satisfecho.

-Muy bien, permíteme pensarlo y yo te llamo-, me dijo.

Para los que tenemos experiencia con esta respuesta, sabemos que algo anda mal, más del 70% de los clientes que te dicen eso, no te llaman.

Pasaron siete días y el llamado no llegó, pasaron un par de días más antes de *hacer la llamada de seguimiento,* tú sabes, la llamada de la desesperación.

-¡Hola! ¿Cómo estás Ricardo?-, le saludé y pregunté.
-Hola-, Me respondió.
Noté por su tono de voz que no me reconoció.

-Soy Jaaziel Flores de Integra GicCom-, apunté.

-Ah sí, hola Jaaziel-

-Te llamo para brindar el seguimiento a la cotización que te envié, ¿tendrás algún comentario o duda?-, aventé directo el arsenal motivo de la llamada.

-No, por el momento no- .

Como sagaz comprador que es Ricardo, comenzó a hacerme preguntas más personales:

-Me dijo Beto, mi amigo, que también vas al club pero nunca te veo-.

-Bueno, la realidad es que voy muy poco- contesté.

-¿Y cuál deporte es el que prefieres?-

-De preferir, el basket, pero mi rodilla ya no me permite jugar-

-Ahh, mira, con razón nunca te veo en el club-, volvió a hacer el mismo comentario.

En una negociación generar confianza es la clave del éxito, él buscaba a todas luces establecer un vínculo de confianza porque el trabajo no era de pocos dólares.

-Sí, esa es la razón, pero tal vez conozcas a mi esposa, ella va mucho al gym del club, se llama Carmen-.

-No, no la ubico por nombre-

-¿Te gusta el Tenis?-, le pregunté

-Sí, me encanta el Tenis, por eso me inscribí en el club- contestó.

-Tal vez conozcas a mi hijo, se llama David Flores-, le dije.

-¡Para! ¿Tu hijo es David?- y me lo describió.

-Sí, es mi hijo-, le contesté.

En ese momento sentí magia, su tono de voz cambió tan drásticamente que sentí que me hablaba como si me conociera de años, me contó maravillas de mi hijo, que se iban a comer tacos con toda "la banda del Tenis" y que le caía super bien.

Continuó contándome un par de historias y concluyó así:

-Pásame los datos de tus cuentas bancarias, las dará de alta mi contadora y mañana mismo tienes el anticipo para arrancar el proyecto cuanto antes-.

-Claro-, le contesté con voz alegre (pero estaba sacado de onda).

¿Qué es lo que acaba de suceder?, me pregunté al colgar la llamada telefónica. ¿Mi hijo me consiguió un trabajo?

Pero ¿el currículum, y la página web, mis estudios, la oficina que me cuesta tanto de renta, los logotipos en los vehículos, el dinero destinado a promocionar la empresa?, sí, esa es la base, pero la diferencia puede ser la amistad.

Aquí, retomaré *El Principito* (no creas que lo comenté al inicio solo porque sí).

Antoine de Saint-Exupéry nos regaló un fragmento para enmarcar y atesorar en nuestra mente, cuando escribió:

> -¿Quién eres?- dijo el principito-. Eres muy lindo...
> -Soy un zorro-, dijo el zorro.

Así comienza la historia más melancólica para un niño de cuarenta y cuatro años como yo. Eres muy lindo, en otras palabras: eres una empresa muy bonita, sí, que bonita ¡pero para mí no eres diferente, eres igual a muchas otras!

El principito le pidió que jugara con él, pero el zorro le respondió que no podía, porque no estaba domesticado y acto seguido expresó su molestia por los fusiles de los hombres cazadores, *"son tan molestos"*.

El principito no entendía qué significaba la palabra domesticar y ...

> El zorro se calló y miró un buen rato al principito:
> —Por favor... domestícame —le dijo.
> —Bien quisiera —le respondió el principito pero no tengo mucho tiempo. He de buscar amigos y conocer muchas cosas.
> —Sólo se conocen bien las cosas que se domestican —dijo el zorro—.

Los hombres ya no tienen tiempo de conocer nada. Lo compran todo hecho en las tiendas. Y como no hay tiendas donde vendan amigos, los hombres no tienen ya amigos. ¡Si quieres un amigo, domestícame!
—¿Qué debo hacer? —preguntó el principito.
—Debes tener mucha paciencia —respondió el zorro—. Te sentarás al principio un poco lejos de mí, así, en el suelo; yo te miraré con el rabillo del ojo y tú no me dirás nada. El lenguaje es fuente de malos entendidos. Pero cada día podrás sentarte un poco más cerca...

El principito así lo hizo, según las indicaciones del zorro, a poco tiempo, ahora podía distinguir a un zorro similar en características físicas entre otros cien mil zorros, porque ya era su amigo, único para él. Al llegar el día de la partida, el Principito y el zorro llorarían, pero este último le iba a regalar un secreto, una joya escondida tan valiosa, tan alcanzable y tan olvidada.

Y luego añadió: —Vete a ver las rosas; comprenderás que la tuya es única en el mundo. Volverás a decirme adiós y yo te regalaré un secreto.
...
—Adiós —dijo el zorro—. He aquí mi secreto, que no puede ser más simple: sólo con el corazón se puede ver bien; lo esencial es invisible para los ojos.
—Lo esencial es invisible para los ojos—, repitió el principito para acordarse.

El que tiene amigos ha de mostrarse amigo, dicta el proverbio.

El niño que me dió un trabajo no solo me regaló la bendición del mismo, sino la enseñanza más grande para cualquier empresario: crear relaciones, lazos de amistad, es bueno para el alma y es buen negocio para la empresa.

Si realmente quieres alejarte del territorio de la desilusión, esta novela para niños nos enseña el secreto para ser una empresa diferente, reconocida y distinguida entre cien mil otras empresas.

Moralejas de las Historias

El placer de los negocios

Cierto, cierto. La verdad es que cada historia tiene sus enseñanzas y moralejas implícitas, pero permíteme resaltar solo dos. En 1901 se publicó la novela de Thomas Mann, *Los Buddenbrook*. El autor relata la historia de cuatro generaciones propietarias de un negocio de cereales y sus cambiantes fortunas marcadas por ascensos y descensos, aquí Mann nos regala un majestuoso principio, una regla de conducta para la vida: "... *se leía aquella célebre máxima: Hijo mío atiende con placer tus negocios durante el día, pero emprende solo los que te permitan dormir tranquilo durante la noche*".

Si bien es cierto que esto se aplica regularmente como consejo para evitar negocios fraudulentos o carentes de legalidad, también se debe reconocer como la finalidad de cualquier empresa. Cuando atendemos sabiamente estando a la vanguardia, cuando se trabaja inteligentemente presentando explícitamente los alcances de los trabajos, así como de las garantías, sin dilación nos aferramos al uso de contratos y, sobre todo, nos mantenemos enfocados en la mejora continua de todas nuestras actividades y procesos administrativos, ávidos de mantener un carácter digno de un empresario, congruentes y humildes, dispuestos a aprender siempre mediante consejos, entonces esos negocios atendidos durante el día, nos permitirán dormir tranquilos durante la noche.

Muchas veces nos vamos a la cama arrepentidos de las actividades y actitudes mostradas durante el día, así mismo preocupados por los riesgos en los cuales incurrimos, lo que menos hacemos es "atender con placer los negocios" porque estamos tan abrumados por los errores que cometimos, que lo que menos deseamos hacer es calificar como placenteros nuestros "negocios", por lo tanto, la noche se vuelve todo, menos un descanso renovador.

El tormento que sigue a un negocio y que puede comprometer la integridad moral, financiera, física y familiar, puede ser tan tenue o tan grande como uno lo decida. Así, es crucial y conveniente entender que, cualquier decisión tiene sus consecuencias y lo mejor es visualizar a la empresa como un todo, como un todo que deberá ser atendido en lo particular.

La moraleja es:

"Emprender los negocios de tal forma que te permitan dormir tranquilo durante la noche".

La escucha activa –invitación a la humildad-

El poeta checo Rainer María Rilke escribió en su poema "Oraciones de las muchachas a María" los siguientes versos:

> Me aterra la palabra de los hombres,
> ¡Lo saben expresar todo tan claro!
> Y esto se llama <<perro>>, y eso, <<casa>>,
> y el principio está aquí, y allí está el fin.
>
> Me espanta su decir, su juego en broma;
> saben todo lo que es y lo que fue.
> No hay montaña para ellos asombrosa;
> Su hacienda y su jardín lindan con Dios.
>
> Siempre os he de avisar: no os acerquéis.
> Me encanta oír las cosas cómo cantan,
> Yo las toco: son mudas y quietas.
> Vosotros me matáis todas mis cosas.

La realidad del mundo y de nuestra vida existe por la extrapolación de capas y capas de composición, de extractos, consecuencias e hipótesis; no solo existen escalas en el color gris, sino en todos los colores descubiertos por el ojo humano.

Creo que si me aventurara a inventar una fórmula para la ESTUPIDEZ, sería esta:

$$E = I * N * A \wedge C$$

donde I es igual a Irracionalidad, N es iNtransigencia, A es Arrogancia y C es igual a Constancia.

El poema es una marcha con pancartas contra la arrogancia, contra la estupidez humana.

Cuando el poeta expone el absurdo pensamiento humano que lo ha llevado a creer que su *hacienda y jardín lindan con Dios*, lanza un dardo certero y ardiente contra la pretensión de creernos lo suficientemente inteligentes como raza humana, para saber todo lo que es y lo que fue. Rainer María Rilke alerta, desde ya, que *siempre os he de avisar: no os acerquéis*. Invitándonos a alejarnos de esas personas que hacen alarde y se envanecen de su conocimiento. Y si somos nosotros mismos, entonces desvestirnos de esa actitud soberbia.

Me aterra la palabra de los hombres, es la forma poética de Rilke de develar la arrogancia del hombre. La indignación del poeta no es un asunto menor, ya que al expresar palabra antes de escuchar activamente el objeto a tratar, se abre la tierra para separarnos de la razón y la verdad. En ventas se nos enseña que es de vital importancia escuchar al cliente atentamente; Escuchar más de lo que se habla permitirá comprender mejor los requerimientos, dudas y objeciones del cliente, así, será más sencillo descubrir, mitigar y abordar esas objeciones eficazmente.

Una pared impenetrable se levanta cuando creemos saberlo todo. En consecuencia, nos abandonamos en nuestro grosero error. No obstante, el poema nos regala el puente y la escalera. La Biblia dice que al que calla se le toma por sabio. Así, *me encanta oír las cosas cómo cantan*, es la cordial invitación a quitarnos el velo del engreimiento para escuchar activamente todo y a todos, a nuestros clientes, al proveedor, al colaborador, a nuestros hijos y, decididamente, a nuestra familia.

¿Has escuchado decir que la empresa nos habla de sus dolores?, sí lo hace, pero no somos capaces de oír.

Y el principio está aquí, y allí está el fin. ¿Estamos tan seguros de lo que sucederá? ¿No suena a omnipotencia? Dice el apóstol Santiago:

Ustedes que dicen: «Hoy o mañana iremos a tal o cual ciudad y nos quedaremos un año. Haremos negocios allí y ganaremos dinero».
¿Cómo saben qué será de su vida el día de mañana?
...están haciendo alarde de sus propios planes pretenciosos, y semejante jactancia es maligna.

Vosotros me matáis todas mis cosas. Este verso precioso nos advierte sobre hablar seguros de lo que sucederá mañana y de lo que es hoy, no somos ni ominipotentes ni omniscientes.

Recuerda: como empresarios o emprendedores necesitamos de toda la ayuda posible, no solo hay escala de grises, sino escalas de azul, verde, amarillo, rojo, rosa, diferentes tonalidades en todos los colores.

La moraleja es:

"Sé humilde, escucha más de lo que hablas antes que tu arrogancia mate tus negocios".

JAAZIEL FLORES

Por último, hablemos de Scrooge el bueno

Ebenezer es un personaje de Charles Dickens. Se le muestra en un principio como avaro, frío, egoísta como el que más, tanto, que ni los perros se le acercaban para rogar por un poco de comida.

La novela de Dickens, conocida en español como *Canción de Navidad*, derrite el corazón con un final hermoso: el despreciable viejo avaro transformado en un afable y generoso hombre feliz, debido una serie de eventos fantasmales que incluían visitas al pasado, presente y futuro.

Las moralejas las termino con esto: *todos podemos cambiar*. No quiero compararme con Scrooge el malo, sino con el hombre transformado de la novela de Dickens, la acción en sí misma de la transición, la metamorfosis.

Muchos de nosotros cambiamos cuando tenemos un evento divino o relacionado con la muerte, en mi caso el evento que te narré en la historia de *El cliente que casi me mata*, fue el detonante para trabajar un poco menos: de 16 horas diarias a 8 horas cada día. Bueno, en realidad trabajo un poquito más, pero fue un cambio radical en mi manera de pensar.

Espero que tú puedas adoptar pequeños y constantes cambios expresados en este libro, sin necesidad de ser visitado por espíritus fantasmales y cuartos verdes terroríficos, como le pasó a Ebenezer Scrooge. Que así sea.

Una promesa y un consejo

Esta escena de teatro consta de dos actos, tal como lo describe el título, el consejo allanará y ampliará tu mente y la promesa será semejante a un beneplácito, como una licencia para permitirte procurar el bien tanto para tus clientes como para ti.

¿Vamos?

La promesa

De toga y birrete, allí estaba el recién egresado del Tecnológico Nacional de México sentado junto con otros cuarenta en las sillas colocadas especialmente para los alumnos que recibirían el título de Ingeniero en Sistemas Computacionales.

Los padres, orgullosos y dispuestos en las filas traseras, listos con sus cámaras Kodak y su rollo para 16 fotos. Dicho sea de paso, mi novia solo traía cuatro fotos restantes en su cámara y a mis padres simplemente se les olvidó la suya (es que en el 2002 apenas nacían los teléfonos con cámara fotográfica, por lo que dependíamos de la mundialmente famosa y casi extinta compañía Kodak).

El acto académico sucedió sin contratiempos en una típica tarde soleada en la ciudad de Colima, Colima.

Recuerdo perfectamente que me acerqué a mi padre y le entregué mis calificaciones y la hojita de TÍTULO EN TRÁMITE, él puso su mano sobre mi hombro y, no sé muy bien si ya lo tenía preparado o simplemente tuvo a bien decirme lo que sería una de las promesas más grandes y rectoras de mi vida empresarial.

Mi padre es muy sentimental, me ama mucho y sus consejos y llamadas de atención siempre han sido relevantes por su valor, magnitud y, lógicamente, influencia en mi vida, ese momento fue como de esas veces que ves en vivo y a todo color una ballena saltando en el mar.

Como hijo reconoces ese momento en que tu padre te dirá algo serio o te gastará alguna broma, ese momento lo distinguí rápidamente. Iba a ser serio, pero nunca pensé que sería tan serio y crucial.

Lo recuerdo perfecto, nunca necesité apuntarlo, se me quedó grabado en la memoria.

Mi padre me regaló las palabras perfectas, principalmente porque tuvieron dos ingredientes fundamentales: el primero, no solo se trataba de mí; el segundo, como dice el dicho popular "el que no vive para servir no sirve para vivir". Es decir, mi padre con esas palabras estaba velando por los intereses de los demás.

Hasta el día de hoy, cuando me invitan a dar una plática o conferencia empresarial, siempre regalo también esas palabras de mi amado papá, obsequio *La Promesa*.

A mis padres los admiro mucho, mi padre siempre ha sido muy trabajador y mi madre no se queda atrás, son rectos, no roban y mi persona sabe siempre que están allí para mi. Al momento de escribir estas líneas tengo la alegría de tener a ambos con vida.

Sin más preámbulo, mi padre me regaló este augurio, el anuncio de un hecho que sucederá en el futuro:

"Todo el que te contrate ganará".

Un poeta no podría haber encerrado tanto en tan poco.

Mi padre usó precisión y agudeza, mi padre es un poeta.

¿Qué empresa no quiere contratar un proveedor que le haga ganar?

Esas palabras han significado seguridad y asombro cada que hago una cotización, seguridad por el hecho de que sé que siempre tendré trabajo, si un cliente quiere una buena solución garantizada, nos debería contratar a nosotros; y asombro cuando no nos otorgan el trabajo, porque siempre pienso: "Qué error acaban de cometer".

Esta corta frase: "todo el que te contrate ganará" me exige hacer trabajos sin vicios ocultos, bien hechos. Ciertamente no me exenta de errores humanos, pero sí de acciones premeditadamente perjudiciales para el cliente.

Ahora, me permito expresar desde lo profundo de mi corazón y con el permiso de mi padre estas palabras de bendición para ti y para tus clientes, adóptalas porque ya son tuyas también.

"Todo el que te contrate ganará".

Así será.

El Consejo

Manzanillo, Colima, México. El pequeño gran puerto más importante de movimiento de carga contenerizada del país. Natal ciudad, nada menos que del dueño del mar.

La agencia aduanal *Woodward* contaba con un logo magno y una frase pegajosa, un slogan de esos dignos de análisis de universidades prestigiosas en marketing: "Dueño del Mar".

El propietario, personaje muy conocido y admirado por muchos. Mi persona no fue la excepción, lo admiraba porque lo percibía como un hombre sencillo y accesible, más para un emprendedor joven como yo, él era un empresario exitoso realmente.

Lo conocí en Coparmex, nos sentamos en la misma mesa, un niño y un adulto, al menos así me veía a su lado. De pocas palabras, pero muy ameno, bromeaba con personas de calibre similar al suyo y a los demás se limitaba a saludarnos cordialmente.

Acostumbraba a ir a un café de una plaza comercial de la ciudad y allí en una mesita de cuatro sillas, con dos o tres acompañantes, pasaba parte de su tarde, saludaba a medio Manzanillo y si yo pasaba por allí también lo saludaba y amablemente me devolvía el saludo.

Durante más de cinco años, mi empresa se encargó de la red de computadoras de su empresa, así como del conmutador telefónico, hasta que Dios lo llamó a cuentas.

Siempre quise acercarme a él para pedirle un consejo.

No me animaba ¿tendría tiempo para un chiquillo recién egresado de la universidad?, no lo creo.

Pero...

Cierto día me armé de valor. Según mi memoria, era una tarde en que él se encontraba solo en ese café, tres sillas vacías, una debería ser la mía. Con algo de temor me acerqué.

Recordé lo que mi padre me decía cuando él iba a reparar sus refrigeradores a su casa: "Efrén (así se llama mi padre) nunca me vayas a robar, mira, si quieres llevarte algo dímelo y yo te lo regalo, en serio te lo digo". El señor Guillermo Woodward acostumbraba tener docenas de vinos en su cava y sufría de robos hormiga constantes, por lo que su estrategia era -además de rodearse de gente confiable- obsequiar bienes. Mi padre estaba en su círculo de confianza, cuando iba a reparar sus equipos de refrigeración tenía libertad para entrar y salir sin supervisión del hogar de este gran empresario.

Recordé también lo que mi madre me decía: "hijo, yo lo conocí cuando no era rico, yo lo conocí cuando aún no era exitoso, cuando no era el dueño del mar; me caía bien". Así lo expresaba mi amada Madre.

Caminando a paso lento, me acerqué a su mesita. Volteó la mirada hacia mí y me dijo:

- Hola Jaaziel -, ¿qué? ¿recordaba mi nombre? me sentí importante, subí al cielo como un globito inflado.

- Hola Sr. Guillermo, buenas tardes, disculpe ¿le podría robar un par de minutos? -, sudé un poco, ¿y si me dice que no?, ¿cuántas personas no habrán llegado así, pidiéndole un favor?, era lo que decía mi mente.

-Claro Jaaziel, siéntate-. "Wow", exclamó mi pensamiento.

- Sr. Guillermo, estoy haciendo una maestría y una tarea es entrevistar a empresarios exitosos-. le dije.

En esos tiempos estaba empezando una maestría en línea en una universidad de Phoenix, Arizona.

- Muy bien ¿en qué te puedo ayudar? - contestó.

Sin más, pregunté directo: - ¿Qué consejo le daría a un empresario que va empezando, como yo? -

Hasta este día lo reconozco como una de las personas determinantes en mi desarrollo como empresario. A más de dieciocho años de sus palabras, lo he comprobado una y otra vez, he visto la validez de su consejo.

- Mira Jaaziel -, -indicó:

Un empresario tiene empresas, no una empresa,

de otra forma no te puedes decir empresario.

Busca tener empresas, hoy eres autoempleado,

ten empresas.

Tal vez fue más, tal vez fue menos, pero yo recuerdo que fueron dos minutos, no pregunté más. Le platiqué un poco de mi padre y me dijo que claro que lo conocía, un gran técnico en refrigeración, que también conocía a mi mamá.

Un par de ocasiones estuve en su oficina para algún requerimiento de redes o telefonía, pero el momento que recuerdo muchísimo fue el de esa tarde en el café.

Dale Carnegie escribió en su libro *Cómo ganar amigos e influir sobre las personas*, en el capítulo llamado "Seis maneras para agradar a los demás":

> Entrevisté una vez a Jim Farley, y le pedí el secreto de sus triunfos.

> "Recuerdo el nombre de pila de cincuenta mil personas".

> Jim Farley descubrió al principio de su vida que el común de los hombres se interesa más por su propio nombre que por todos los demás en la tierra.

Carnegie lo califica como psicología de los negocios: sonreír, interesarse sinceramente por los demás y recordar el nombre de las personas. El señor Guillermo ejecutó estas tres reglas con maestría.

Dale Carnegie cita, en ese mismo capítulo, a un grande, a Emerson, el escritor y poeta americano:

> Todo esto requiere tiempo, pero "los buenos modales se hacen de pequeños sacrificios".

Respetuosamente, a la memoria de Guillermo Woodward R.

Q.E.P.D.

13 Poemas Para Empresarios Desilusionados

La práctica de la subjetividad, métrica y profundidad de autores como José Emilio Pacheco, Juan Rulfo, Jaime Sabines, Miguel de Cervantes Saavedra, Pablo Neruda y C. S. Lewis, entre otros, me impresionaron tanto que fueron parte importante en mi inspiración para abordar temas complejos y dolorosos de manera artística.

Abro los siguientes poemas con una premisa, una premisa en poema que magistralmente expresa lo que yo deseo gritar:

... Mis ojos no vinieron para morder olvido:
mis labios se abren sobre todo el tiempo,
y todo el tiempo,
no solo una parte del tiempo ha gastado mis manos.

Por eso te hablaré de estos dolores que quisiera
apartar,
te obligaré a vivir una vez más entre sus
quemaduras,
no para detenernos como en una estación, al partir,
ni tampoco para golpear con la frente la tierra,
ni para llenarnos el corazón con agua salada,
sino para caminar conociendo, para tocar la
rectitud con decisiones infinitamente cargadas de
sentido,

para que la severidad sea una condición de la alegría, para que así seamos invencibles.

Pablo Neruda

Nuestros cuerpos y mentes no están diseñados para soportar tanto dolor, incluso el fisioterapeuta nos recomienda no acostumbrarnos al dolor, hay que apartarnos de los dolores lo más pronto posible. Sinónimos de severidad son: rigor, dureza, exigencia y disciplina, pero nuestra mentalidad deberá estar en el premio que por los anteriores obtendremos, fijos nuestros ojos en la promesa de un futuro mejor.

Estos poemas creados desde mi dolor son la liberación de pensamientos que alteran la mente y el equilibrio, purificación de aquello que domina la voluntad y perturba la razón.

Caminemos con cuidado.

1. A la Impaciencia

Estaba seguro que podría cruzar,
no era tan largo el camino
pero al mirar hacia abajo me caí,
quince metros me separaban del suelo,
no había malla de seguridad,
no lo noté, no había tiempo para ello,

Me caí y me rompí,
no morí,
no aún.

Nunca tuve temor a las alturas, al contrario, yo
quería estar arriba
pero hoy, hoy les temo,
hoy les odio.

Yo creí, estaba seguro que podría andar sobre la
cuerda,
cruzar de una plataforma a otra,
mucha gente lo hacía,
yo creí que también podría.

Declaré con mi boca: ¡Yo Puedo!,
fui a las pláticas y cursos de "cómo cruzar" que el
circo brindaba,
estudié los manuales y hasta recibí consejos del
mejor equilibrista,
el éxito consistía en cruzar por el camino de la
cuerda,
del otro lado me esperaba la fortuna, la buena vida.

Yo creí que podría, pero me caí,

la venganza del camino de cuerda fue el vértigo,
mis pies aún no la habían tocado,
aún no dejaban la plataforma y me caí,
no había malla,
se supone que debería estar allí, pero no,
¡y no lo noté porque se me acababa el tiempo!,
otros se me estaban adelantando.

¿Por qué te es tan difícil creerlo?,
¡te digo que no había tiempo!,
otros ya lo estaban logrando,
y yo creí que también podría.

¿Cómo evitar mojarte bajo la lluvia cuando
sostienes
un paraguas sin tela?,
no tengo todos los talentos,
no tengo suficiente dinero,
no tengo todo lo que se necesita,
pero tengo mis sueños y deseos,
tengo mi paraguas sin tela.

Ya era hora, tenía la edad para cruzar,
tenía que cruzar,
"dejar mi zona de confort",
arriesgarme, porque ellos decían que el que no
arriesga no gana,
no había tiempo para más entrenamiento,
¡es verdad, no lo había!,
otros se me estaban adelantando.

Me caí, sí,
pero solo porque no había tiempo,
de verdad no lo había,

es que otros se me estaban adelantando.

2. Flor x

Qué simpleza la tuya,
Qué altanería contra la regla escrita,
brotas donde caes en semilla,
un poco de lluvia, un poco de tierra.

Donde el plástico y el zapato,
donde la llanta y la lata,
¿por qué me regalas tus colores también allí?

El corazón mío no se alegra hasta alcanzar
formas y formatos diversos,
siempre exigente, siempre deseoso,
siempre inconsciente del presente.

Necio corazón,
¿cuándo adoptarás gratitud?

Flor de baldío,
no renuncies a tu esencia,
continúa regalando tu belleza,
tus colores y tus aromas.

Vive a pesar de mi especie flor vulgar

aunque corto tu tiempo,
vive e invita a tus hermanas a acompañarte,
Sí, hazlo por el colibrí,
hazlo por la ignorada mariposa,
hazlo por la belleza del espacio.

Casa de papel,
castillo de arena,
bello momento,
neblina.

Un rincón, un espacio, un grito sordo,
pero vida y color,
delicado encanto.

Anhelas cohabitar,
pero la comunión no llegará,
no en esta generación,
tú te presentas como sabiduría entre la necedad,
que altanería.

Flor de baldío, no renuncies,
continúa dándome tu belleza,
vive a pesar de mi especie,
no te merecemos, pero, quizás,
quizás en algunos cientos de años, cambiaremos.

¡Vive flor x!

3. La lucha de cada mañana

*Un par de minutos antes, mis ojos ya se habían
abierto,
pero espero a que las diminutas bocinas dinamiten
el profundo sopor.*

*Me estiro y levanto una plegaria a Dios,
doy gracias, pido ayuda y protección.*

*Sutilmente el temor también se despierta en mi
interior.*

*Mi mente recuerda una actividad, después un
problema que se puede resolver,
hasta que mis pensamientos llegan a la inquietud
de aquellas labores que dependen de terceros para
ser solucionadas.*

*Ay alma mía, cuanto nerviosismo en esta tierra de
los vivos sufres
¿Has considerado descansar muriendo?,
¿Has pensado no esforzarte más?*

*Dejo entrar el miedo y junto con el ánimo los tres
nos ponemos en pie, me dirijo hacia la ventana y a
través de ella la discusión comienza*

*Hoy te podrías enfrentar al chofer furioso que
piensa que su urgencia de alguna forma es más
importante que la del resto de los seres vivos,*

*Hoy también un empleado podría faltar sin previo
aviso y esto moverá el plan del día, en consecuencia,
el cliente se podría molestar,*

*Suspiro...
El temor continúa hablando*

*Hoy alguien del equipo podría tener un accidente al
estar laborando,
el pago que el cliente prometió podría tampoco
llegar esta semana,
hoy te dan respuesta sobre el proyecto que cotizaste,
es probable que no te lo otorguen.*

*Miro el reloj, apenas han pasado unos minutos,
Suspiro nuevamente.*

*Me acerco a la regadera, abro la llave, espero un
poco al agua caliente y mojo mi pie derecho,
después el izquierdo, mis brazos, cabeza, al final
pecho y espalda, jabón, shampoo y pienso, pienso en
ella, pienso en ti amada y odiada empresa.*

El temor sin dar cuartel sigue hablando.

*Ahora me habla de las necesidades de herramientas,
vehículos, computadoras y celulares, ah, por cierto,
tu hijo necesita unos nuevos tenis para deporte y tu
hija desde hace seis meses desea un gato,
- ¡El gato no importa! - me sorprendo respondiendo
en voz audible,
- mensaje recibido -, contesta el temor.*

*Algunos de los autos necesitan llantas y
mantenimiento, boiler solar para la casa y paneles
solares. Los abonos de los tres créditos han sido
pagados a tiempo, pero, podría no haber flujo de
efectivo este mes y el interés por incumplimiento es
muy elevado.*

*¡Suficiente temor!,
Vas ánimo, tienes la palabra.*

*Tomo la toalla, la froto desde la cabeza hasta
concluir con los dedos de los pies, muevo un poco el
tapete y poso mis manos en el lavabo y veo, frente al
espejo, mi rostro.*

Cuarenta y cuatro años, pienso.

*Tomo el perfume, aplico su cualidad de
transportarme del mundo real al de los recuerdos,
el aroma me brinda la belleza de la esperanza como
leviatán amable y mar sonriente,
tratamiento de introducción que invade
las células cerebrales.*

*Suspiro,
ahora espero mejores pensamientos,
ahora espero las palabras que avivan.*

*-¿Estás consciente que hoy podrías morir?-
comienza el ánimo,
-es correcto- respondo,
¿Recuerdas la imagen que viste en Facebook de
Snoopy y Charlie Brown? ¡te gustó mucho!,
sí, es verdad, ánimo.*

¿Me la podrías describir?
sí claro,
-ellos están en un lago juntos, sentados en un muelle
y como es común de Charlie, parece estar
reflexivo, impávido y dice: un día nos
vamos a morir Snoopy-,
- cierto Charly, pero los otros días no -.

Sonrío.

-Es muy bonito, y muy cierto- indico,
prosigue por favor,
me interesa conocer qué tienes que decir sobre lo
dicho por temor -.

Sobre la supuesta realidad que expone, tengo que
decir que muy poco,
es exagerado e irreal, nadie conoce el futuro, no diré
más -, - ánimo-, contesta,
y continúa:
Te recuerdo que tienes un equipo de trabajo
fabuloso,
hijos sanos e inteligentes, esposa que te ama y
la oportunidad que ofrecen las nuevas mañanas,
hoy tienes el regalo del hoy,
una nueva oportunidad de hacer sentir bien a
alguien con alguna de mis palabras.

Has de recordar que no solo se trata de ti.
hoy tienes vida y el sol salió,
hoy te levantaste y
desconoces las circunstancias para que eso
sucediera.

SEÑALES

El temor argumenta lo que podría ser,
yo hablo lo que ya es,
y de lo que te corresponde hacer.

Hoy sé agua al sediento, regala una sonrisa,
permite el paso al automovilista impaciente,
vístete de templanza,
es un nuevo día y es tuyo.

Yo estaré contigo y te irá bien,
permite a estas palabras ser tu sostén,
hoja blanca sin doblar como canta el caifán hoy
serás,
como oveja a los lobos irás pero solo no estarás,
pasar al camino del temor hoy podrás,
pero no lo harás.

Yo soy el que hace crecer a la flor del baldío,
soy constancia, te pido ser consistente,
si me pides, me escucharás,
pero recuerda que el temor no guarda silencio,
yo produzco, el temor consume.
Si crees en mí y me sigues, todo lo puedes.

Realiza tus actividades, resuelve con creatividad lo
que esté a tu alcance,
con el cliente severo sé empático, tal vez hoy solo
escucho al temor.

-Gracias ánimo- le respondo.
-¡Ánimo!- me responde.

4. Lo más importante

Duerme el siervo y vela el amo.
El Quijote.
Miguel de Cervantes Saavedra

Viga de esfuerzo, piedra de soporte,
sin ti ¿cómo? y contigo ¿cómo?
tu fuerza necesaria como gravedad que empuja
fuerte,
corrientes del océano, cuánto amor y cuánto daño.

Me pregunto: si el joven Salomón recibió como
regalo el corazón más sabio y prudente de todos los
tiempos ¿también podría yo recibir ese beneficio?
de lo contrario, ¿quién podrá gobernar una gran
empresa?

Se te conoce por varios nombres:
colaborador, gerente, ayudante, empleado, chalan,
recurso humano,
pero yo te conozco como lo más importante, como
continuidad,
extensión de mis manos y mi mente, vigor y nuevas
fuerzas.

Tú eres el resultado del plan,
éxito y fracaso, la ciencia de la administración,
eres tan importante y aún así no se cómo tratarte,
¿darte incentivos? te mereces todo, ¿sanciones?
mereces la cárcel.

Tú y yo somos sinergia,

SEÑALES

lo sé y lo sé muy bien,
tengo que empezar yo,
cambiar, gobernar bien y, de preferencia, cambiar
pronto,
pero me encuentro autócrata,
me encuentro situacional,
muchas veces quiero hacer uso
de la teoría motivacional KITA.

Te quiero pedir un favor:
permíteme equivocarme,
tú sabes cuales son mis errores porque los cometo
contra ti,
de antemano te ofrezco sinceras disculpas. No,
mejor dicho, ruego tu perdón.

De la vida lo mejor para ti deseo, pero solo cuando
eres comprometido y responsable,
¿lo ves?
sé que sí,
no soy un buen líder y es que vienes con espinas
como la rosa,
creas belleza y generas frutos,
pero un comentario, una mirada, un error que
cometes y sangro
y dueles.

Eres mi oración al altísimo, eres miedo o
tranquilidad,
eres inversión o gasto, ganancia o pérdida,
tú eres lo más importante.

Sentémonos y acordemos, hablemos claro,
presentémonos desnudos, sin esconder nada,

libremente dímelo
y libremente responderé.

Amistad con la piedra o hablar con el viento,
escribir en la arena,
no, eso no, ayúdame,
escojamos la virtud de la humanidad exclusiva,
escojamos la comunicación.

Te necesito, pero no tanto,
tú me necesitas, pero no tanto,
imprescindible, nadie.
Esa es la premisa.

Ábrete en libertad y sé tú,
desgraciadamente tenemos que coincidir en lo
básico,
como el ladrón en robar, el doctor en sanar o el
pájaro en volar,
los valores comunes para ambos serán el carril por
el cuál iremos,
esa será nuestra realidad,
si coincidimos en esto, nuestra relación será
duradera,
alegría, ganancias y resplandor, vida, salud y
acuerdos.

Acompáñame y no me dañes,
juntos aprendamos a callar y aprendamos a hablar,
te lo digo desde el fondo de mi corazón,
como la sinceridad del llanto de un recién nacido,
deseo el bien para ti, deseo que te vaya bien.

Dime sí o dime no, porque no alcanzo a ver más allá
de tus acciones,
soy corto de vista,
quédate o retírate, porque no soy apto para leer tus
intenciones.

De la empresa,
tú eres lo más importante.

5. ¿Quién podrá defenderme?

Oh, ¿quién podrá defenderme?

Estructura - Sin estructura,
Procedimientos - Sin procedimientos
Políticas - Sin políticas
Rentabilidad - Sin rentabilidad
Liderazgo - ¡Ah! sí, este sí!

No digo que sea bueno, es probable que hunda este
barco, pero el liderazgo en mí sí está presente.

Oh, ¿quién podrá defenderme?
pero el personaje colorado no aparece,
soy un pabilo humeante, estoy desnudo y lo exhibo,
me siento avergonzado,
¡ay! padre mío, si fueras millonario
y me regalaras un millón de dólares
tendría capital para mi empresa,
pero no lo eres.

El dinero escondería mis errores,

porque prefiero vivir en la mentira, así cubriría mi
desnudez,
la carencia de dirección empresarial la vestiría de
falso éxito,
de vana presunción, pero padre, no eres millonario.

Oh, ¿quién podrá defenderme?,
pero el colorado personaje no aparece,
¡Aparece! como genio de la lámpara y capacítame,
pero sin esfuerzo, milagrosa y superficialmente,
no me gusta la fatiga, es que desprecio el
pensamiento profundo.

Lo que quiero es dinero rápido para cubrir mi
desnudez,
un auto nuevo cubriría mi desnudez, un viaje y
también ropa cara,
¡ay, padre mío! ¿por qué no eres millonario?

Demandan que me esfuerce pero me percibo dentro
de un bosque
sin direcciones ni señales, todo me parece igual,
y me cae la noche, la furia y la fractura.
Desavenencia.

Estoy desnudo, vacío, soy un pabilo humeante,
el gobierno demanda tributo, contribuciones y
contribuciones
ahogado estoy en contribuciones,
pero poca retribución y mucha corrupción.

Neuroticismo:
¡Allá afuera hay un león!
¡en plena calle me va a hacer pedazos!*

¡Ay! padre mío, tú que me engendraste
dijiste que mi carrera profesional sería mi herencia,
¿podríamos hacer un trueque?
mejor quiero de herencia dinero,
mucho dinero para cubrir mis incapacidades,
mi falta de actitud mental positiva,
mi negligencia e indisciplina.

Oh, ¿quién podrá defenderme?,
pero el personaje colorado no aparece.

*Libro de los Proverbios, Capítulo 22, versículo 13.

6. La cuerda (Yo soy)

Yo soy nada,
una cuerda que se esfuerza por tejerse cual músculo
entre carne y sangre,
manila de material, de treinta centímetros de largo
y cuatro milímetros de diámetro,
tengo el deseo y me esfuerzo, pero nadie me
compra,
los he escuchado decir que no encuentran mi
utilidad.
Yo soy una cuerda inútil.

He aumentado mi longitud, me siento muy feliz por
ello,
hoy puedo presumir mis cinco metros, me siento
feliz,
estoy en el mercado nuevamente,
me apilaron entre miles de cuerdas de similar
tamaño,
me comparo, pero estoy feliz.

Veo que las cuerdas de mayor longitud no son
tantas como nosotras,
ellas se cuentan por cientos, nosotras por miles,
ellas están en la parte media de la exhibición,
nosotras estamos en el fondo,
¿porque te vas felicidad?, ¿tan rápido me
abandonas?
¡cobarde!

Escuché decir que somos retazos,

SEÑALES

que nos usan para manualidades, para
insignificancias
pero ¡yo soy una cuerda!, y grito dentro de mí:
soy real, soy útil.

¡Pinche vida de cuerda!
no tengo nada más que decir.

...

Ha pasado un tiempo
no aumenté mi longitud, la tristeza fue la culpable,
alguien se me acercó, me ofreció su guía y me
compartió secretos,
no fue uno solo, varios me aconsejaron y me
animaron, aunque no crecí en lo largo, me siento
más fuerte, hoy me midieron y tengo once
milímetros en mi haber, ya no tengo ese empuje por
llegar pronto al mercado, tengo un poco de temor.
pero ¡yo soy una cuerda! y quiero crecer.

...

Se dice que fue la experiencia,
dicen que lo hizo el tiempo,
otros pregonan que fueron mis amigos y mentores,
algunos lo atribuyen a simple suerte.

Hoy mido treinta metros,

yo sé lo que soy y no soy solo gracias a mí.

Estoy en la estiba central del mercado,
entre cientos, y trato de que mis pensamientos sean
los correctos,
aquí estamos las sogas de entre veinte y cuarenta
metros,
algunas somos de algodón, otras de manila,
somos naturales,
hay un letrero arriba de nosotras que dice:
"Para usos múltiples".

Frente a nosotros alcanzo a visualizar unas sogas
diferentes,
pregunté a mis compañeras y me comentan que son
para alpinismo,
un tipo de cuerda en que las personas confían sus
vidas.

Me asombré,
el atractivo principal del mercado son ellas,
¿cuerdas de especialidad?,
hoy entendí que soy común,
para ser como ellas
tendré que dejar de ser yo.
unas me reprochan,
me dicen que ni lo sueñe,
que son de material sintético, hipócritas dicen:
representa cambio y pruebas, destejer, morir y
revivir,
pero ¡yo soy una cuerda! y quiero ser especial.

SEÑALES

...

Ha pasado un tiempo,
no puedo dejar de pensar en esas cuerdas de
especialidad.

...

Este camino es más solitario, he buscado y
consultado,
me he encontrado con diversas opiniones,
muchas direcciones.

De estrategia y maestría,
de calidad y estructura,
de control y mejora.

-¿Por qué quiere ser una soga de especialidad,
señora cuerda?-, algunos fabricantes me
preguntaron. Contesté lo mejor que pude y me
dijeron que no era suficiente,
entendí que el camino no es camino, sino una
brecha,
un trayecto con el cual me debo comprometer,
una ruta de planeación y verificación
de ciencia, descubrimiento y comprobación,
de dotes naturales y aprendizaje continuo,
fecundación en sí mismo.

...

Hoy me sometieron a pruebas y me rompí.

"Quien quisiera que el hombre no conociera su dolor, evitaría al mismo tiempo el conocimiento del placer y reduciría al mismo hombre a la nada." **

No huiré del dolor y no seré esclavo de mi libertad.

"La verdadera libertad consiste en el dominio absoluto de mi mismo". **

**Michel de Montaigne

7. Fallas de Origen

Un poco más y la cuenta atrás,
un poco menos y el candelabro se apagará, quizás...

No es que quiera hacerlo mal,
es que mal estaba desde un inicio.

Yo no fabrico, fabricado estaba,
solo lo uso para tu servicio.

Un poco más y la cuenta atrás,
un poco menos y la flor envejecerá,

Ego e ignorancia,
revolucionaria combinación,
y es que hoy me lo dijeron,
hoy me preguntaron,
y la misma respuesta.

No es que quiera hacerlo mal,
es que mal estaba desde un inicio.

Tambor o motor,
termostato o condensador,
memoria o procesador,
de cercada invención y carentes de imaginación,
¿quién soy yo sino de ellos usufructo?,

Y es que,
no es que quiera yo hacerlo mal,
es que mal estaba desde un inicio,

de fiel comprador a intransigente de mi reputación
destructor.

Candelabro sin luz soy,
aún aferrado a lo alto y por ello juzgado,
¡Ay! quiere de mí la sangre.

Y es que,
hoy vi su publicación
hoy sentí el ardid de muchos,
de muchos de mi corazón ajenos
y de mis pensamientos muy alejados.

Estamos en la generación del odio y del veneno
vivimos en la era de la araña,
tiempos de venganza, de mil opiniones
y de fácil destrucción.

Y es que,
no es que quiera yo hacerlo mal,
el producto presentaba fallas de origen.

Contéstame antes de que me abandone a la mar,
tú, antiguo amigo, dime,
¿Soy yo un fabricante
o soy solo de la manufactura el usuario?
¿Soy yo una falla de origen?

Permíteme hablar, que es por justicia mi derecho,
solo por un minuto desnuda tus ojos de las lentes
que empañan el juicio,
sostenibilidad social de la responsable
comunicación el fruto.
¿Sorda es la voz de mi razón?

los dolores como el pueblo en el éxodo huyan,
acúsese a las fallas, a las fallas de origen,
pero no hieras mi esperanza,
suprime el insulto que me pesa por concreto.

No es que quiera hacerlo mal,
es que mal estaba desde un inicio.

¿Soy yo una falla de origen?

8. Canto a la modestia

¡Ten cuidado impostor!

*Vana la gloria porque no te pertenece,
tuya es la modestia.
Vana es la soberbia porque no te pertenece,
tuya es la modestia.
Vana es la intransigencia de frutos incomibles y si
los comes, verde el vómito,
Tuya es la modestia.*

*Llevarás la empresa a la gloria,
la llevarás a las alturas y a las alianzas,
todos querrán hacer negocios contigo,
¿por qué?
Porque tuya es la modestia, el decoro y la decencia.*

*La creatividad te pertenece.
La experiencia y la justicia te pertenecen.*

Otorgar garantías, eso es justicia.
Al profesionalismo le exiges su amistad,
los mares azules navegas con maestría.

¿Quién te puede hacer frente?,
de los tiempos no temes,
por las noches duermes,
tus hijos son sanos,
comida abunda en tu alacena,

¿Por qué?
Porque tuya es la modestia.
Vano es el derroche porque no te pertenece,
tuyo es el arte.
Vano es el alcohol porque no te pertenece,
tuya es la felicidad.

Porque antes eras hoy eres.
Previo al éxito eras exitoso.
Antes del vuelo ya volabas.
Antes de correr ya corrías.
Antes de la vida ya existías.

Porque tuya es la modestia,
hace países ricos y producir al desierto,
paz y sensatez,
oídos limpios y caminos asfaltados.

La modestia es al empresario
lo que el esmoquin al hombre,
lo que el vestido de gala a la mujer,
lo que la obediencia al infante.

La modestia teje la cabeza al cuerpo,

SEÑALES

abre los ojos y cose los labios,
la modestia eleva el alma y planta los pies.

Amado mío, sé modesto.
Amada mía, sé modesta.

Estira el globo antes de inflarlo.

9. A cualquier plan

Soy un par de pies descalzos con un plan,
cruzando entre lava viva y piedras candentes.
ufano en su lozanía.

Si estás feliz soy feliz
si estás confundido daré vueltas como el perro,
pinto muy poco en ti, al menos así me parece.

Corcholata que no abraza,
rosca barrida,
báñense de visión las costras de mi mente.

Deja de pensar tanto en el dinero me dicen,
pero ¿es posible obligar al cuerpo a no tener sed?
¿cómo eliminar la angustia
que el deseo por el agua produce?
¿Es capaz la mente de borrar lo que ella reconoce
como necesidad?

Dinero, dinero, dinero,
todo es dinero,
dinero como vida y como muerte,
Tengo un plan.

¿Cuál es tu plan?,
hacer mucho dinero.

¿Cuánto es suficiente?,
un poquito más.

Dinero como vida y como muerte

tengo un plan.

¿Cuál es tu plan?,
trabajar y trabajar.

¿Cuánto es suficiente?,
un poquito más.

¿Es un buen plan?,
es una puerta sin bisagras,
creo que nunca he tenido un buen plan,
tengo la impresión que nunca es suficiente.

Vivo el tiempo como ignominia al deseo,
como los versos recitados dulcemente por la joven
esposa del sultán:
"sobre la tierra ninguna recompensa es igual al
mérito ni digna del esfuerzo realizado
por alcanzarla. Salgo de casa para buscar
candorosamente la fortuna y me enteran de que la
fortuna hace mucho tiempo que murió." *

Tuve un tío,
murió, murió deseando mucho dinero.
Tuve un abuelo,
pensó que tendría mucho dinero con su grupo
musical, murió sin conseguirlo.
Tengo un primo,
en su juventud pensaba que tendría mucha riqueza,
hoy nada tiene.

¿Y de aquellos no aptos?
Oh fortuna, ¿cómo dejas a los sabios en la sombra
*para que los necios gobiernen el mundo?***

Tal vez no sea yo,
tal vez sea que la fortuna me evade,
¡sí, ha de ser ese el motivo, mi plan es bueno!,
mi plan es muy bueno.

*,**Las mil y una noches. Anónimo.

10. El Charco

*Como el charco que cree ser el sol y la luna por su
limitada capacidad de reflejar, así el emprendedor
posee la interna fascinación del esnobismo
empresarial.*

*No eres más de lo que eres hoy, pero eres menos de
lo que serás mañana,
ojalá el tiempo y la bella estela del conocimiento te
regalen la hermosura de la humildad.*

*Fuego viajero que logras penetrar la atmósfera
pasando por la epidermis hasta los sentidos, a las
conexiones grises eléctricas, así sea tu fuerza para
alcanzar.*

*Calienta humildad, protones y patrones de la vida,
despierta al empresario con tu sencillez y sutileza.*

*No lo destruyas como el desierto al oso polar,
crea, en tu capacidad fotosintética, vida en él,
invítalo desde ti y para ti a la grandeza,
calienta sus cabellos y su mente,
despiértalo del frío,
del frío del hombre muerto.*

*Luz accesible,
bríndale conocimiento, si y solo si lo libras de la
ceguera,
entonces pega sus sueños rotos.*

Fuego de sabiduría, elimina el virus de la altivez,
pero no su vida entera,
agua accesible,
inteligencia para saciar la sed, pero no para
ahogarlo.

Caliéntalo un poco más,
caliéntalo un poco menos,
caliéntalo lo suficiente.

Graciosa humildad,
hazlo ver que solo es de la calle un charco.

11. La Espera

I

Hoy vi una camionetota azul empujando un
carrito tatuado color rojo,
era la tarde de un día normal,
lo estaba ayudando,
lo estaba dañando.

Juegas con juegos de
dilaciones y afanes,
solo humo en el aire,
¿y tú?,
tú sin carro.

II

Los empresarios viven al día,
en esperar y esperar se les va la vida,
¡Ay! pobre de ti empresario,
en el suelo arrodillado y esperanzado.

Dicen que el piso es el límite de la caída,
¡es mentira! atribulada la mente, rebotando el
corazón.

Basta una reunión, una cotización,
un atisbo de esperanza,
¿y después?
después a esperar.

III

Algún tiempo atrás un Pastor de iglesia me dijo:
-el oficio del sacerdocio está basado en la fe,
no sabes si habrá dinero para comer mañana -,
-¡Ah, es igual al empresario! -, contesté.

IV

El empresario quiere longevidad,
longevo de vida y longeva su empresa,
dinámica y equilibrio,

para la consolidación su transacción.

Para la longevidad
¿quién tendrá la respuesta?
¿quién nos puede asegurar el mañana?

V

No existe la alegría total,
sino momentos totales de alegría.
y sí, alegría al fin, pero no el fin.

Sacas cuentas con esa herramienta cuadriculada,
la mayoría de las veces se encuentra en tu contra,
en números rojos.

La mente solo para tratar de tumbarnos despierta
y echa la culpa a las expectativas, a las demoras
y esperas.

12. El túnel

Oscuridad y tierra,
sudor y cansancio,
solo la esperanza te ilumina el paso con luz
trémula,
nadie lo cree y nadie lo ve, solo tú.

SEÑALES

El pasaje es angosto,
tus herramientas rompen la piedra,
se esfuma sin dejar rastro al desprenderla,
como derribando murallas que desaparecen tan
pronto se derrumban,
tratar de explicarlo, sería inútil,
continúas tan pronto la luz vence a la oscuridad
bañando la tierra,
y en el cenit y en el ocaso continúas, solo.

En el pasado ese túnel no existía, solo era un surco,
como el que produce un río al pasar las muchas
aguas,
en tu deseo de profundidad heriste la tierra.

Tu túnel llega a una puerta de acero de dos piezas,
puerta redonda con dos asas gruesas y colmada de
candados,
el esfuerzo para abrirla requiere diez veces tu vigor,
no lo logras.

No te preocupes, llegaste al final del túnel,
estás allí, al otro lado hay otra puerta,
redescubierta estará abierta,
¡hasta la mitad del reino será tuyo!
entonces, aumenta el decibel,
de todo lo que el corazón desea obtener.

Los candados sujetan cadenas muy livianas,
hechas de un material tan delgado como resistente,
cada candado tiene nombre y fecha,
¿nombre y fecha?
¿qué significa?

Observa ¡piensa!
tú y solo tú sabrás qué significa.

Ves una pista,
un indicio que te dará la respuesta.

El túnel te observa, te abraza
y empiezas a recordar y recordar,
entonces,
las letras se tornan color púrpura,
¡un candado se abrió!
pero, ¿por qué?

Como científicos descubriendo la estructura
molecular del ADN,
como jalado a lo profundo del azul,
te sumerges cautivo en la búsqueda de fechas y
nombres.

Ahora lo sabes,
lo recuerdas tan claro que te asustas.

Reconoces al fin las oportunidades
que por dudar las dejaste sin posibilidades,
por aquello que declarabas eran tus realidades.

¡Un candado más se abrió!
pero demasiados aún,
demasiados.

Escuchas un ruido ensordecedor, es el túnel
que se derrumba tras de ti, sin embargo
imperturbable lo observas,

sabes que no serás enterrado sino plantado para
nuevamente florecer.

13. El reclamo

El pez no encuentra su cumplimiento en la tierra
que lo retiene dentro de la pecera,
poco será el uso del capuchón sin el lapicero,
valientes o cobardes por igual reclaman
alimento,
copiosas lágrimas derrama el lactante por el seno
materno.

Hágase constar que una vez nacidos, de muchas
necesidades somos presa.
El seguro de vida, de hombre clave, el crédito
hipotecario, me gritan que valgo más muerto.
Ayer pensaba que de la vida era muy amado hasta
que me topé con el fuerte viento,
a la defensiva siempre estaré, mi corazón abrazará
el conocimiento.

¿A dónde huiré de la necesidad y cuánto esconderé
mi rostro por el encogimiento?
El hombre tiene claro un propósito: ser proveedor,
guerrero sigiloso de la rueca inventor,
tanto por tu amada, por tus hijos como por el
trabajo eres reclamado,
el dolor en sí mismo nace al amar y ser amado.
Teje cuando no luches, calla y sé prudente.

Supones que inhalas y exhalas el oxígeno que otro
usaría para mayores propósitos.
-Comed del bien de la tierra y hacedla pedazos-,
grita el infeliz.
¡No hay escapatoria de este mundo feliz!
Un día se acaba muy rápido y otro toma el testigo
en esta carrera de postas.

Escitalopram para el día, 10 mg.
Clonazepam para la noche, 2 mg.

Que alguien corra y te extienda no una, sino dos
manos.
Que alguien quite el dolor por la incipiente
incertidumbre.
Que entre a tu pecho la densidad de la fuerte
voluntad.

¿Cuál es tu constancia de competencia, amado mío?
Delante de ricos estarás, no estarás delante de los de
baja condición.
Pon sobre la mesa tus codos y soba tu frente con
huesos metacarpos
para pedir y recibir, para el dolor tratar de redimir.

Tengo una amiga que reclamó una injusticia,
le expusieron que debió fijarse bien en el proveedor
antes de comprar.
-Pero-, reclamó, -estamos en un grupo que "solo
acepta a los mejores"-.
-No te confundas-, le dijeron,
-y mucho cuidado, no debes hablar mal de un
miembro,
es contra los estatutos y principios del grupo feliz-.

Grita alma humana, corre, busca la felicidad.
No obstante recuerda que no se debe tomar el
nombre de Dios en vano
y tu reclamo nunca es bienvenido.

¿Cuántos te avisaron?
¿Quiénes te aconsejaron?
¿Quiénes te armaron que no te terminaron?
Observa y asciende.
Tú, de la cima, ambrosía.
Tú, del destino, el cumplimiento.
Quiero llevarte lejos, pero ¿nuestras cargas en
donde las dejaremos?

Ante el reclamo de Andrómaca, la de níveos brazos
el guerrero del épico poema y de tremolante casco
copla:
No se acongoje en demasía tu corazón,
que nadie me enviará a la muerte antes de lo
dispuesto por el destino;
y de su suerte ningún hombre, sea cobarde o
valiente, puede librarse una vez nacido.*

Las injusticias no nos separarán de nuestro destino,
No se terminarán los granos de arena del reloj de
cristal,
ya que al final, tu tiempo perfectamente delimitado
está.
No se aparte de ti la convicción ni el compromiso,
tampoco la valiente honestidad.
Acepta talante a quien te reclame, es semilla para
crecimiento pero evita repartirlo.

*Ten presente que no se debe tomar el nombre de
Dios en vano
y tu reclamo nunca será bienvenido.*

*Homero, La ilíada, Canto VI.

De Michel Eyquem de Montaigne, palabras de un verdadero filósofo para perjudicar mi soberbia.

"Es más fácil escribir un poema insignificante que comprender uno bueno".

"Nadie está libre de decir estupideces, lo grave es decirlas con énfasis".

"Y por lo tanto lector, yo mismo soy el sujeto de mi libro, no es razonable que emplee su tiempo libre en un tema tan frívolo y vano, por lo tanto, adiós".

3 Regalos en Poema

Lo que leerás a continuación es mi muestra de aprecio para ti querido lector, es mi agradecimiento por el tiempo invertido en esta pequeña obra, se dice que un regalo tiene al menos uno de los siguientes beneficios, agregan valor a la vida personal de quien los recibe y/o son de utilidad práctica.

Mi intención es que estos tres regalos agreguen valor a tu vida personal, las palabras tienen un gran poder, Santiago el apóstol lo expresa de la siguiente manera:

Mirad también las naves; aunque tan grandes, y llevadas de impetuosos vientos, son gobernadas con un muy pequeño timón por donde el que las gobierna quiere. Así también la lengua es un miembro pequeño, pero se jacta de grandes cosas. He aquí, ¡cuán grande bosque enciende un pequeño fuego!

Estadísticamente es más probable recibir palabras de desprecio que de admiración, en consecuencia es más fácil aceptar derrotas que victorias, pensamientos negativos que positivos, por tales motivos somos más propensos a proferir maldiciones que bendiciones.

Por esto mismo y en contra de la corriente estadística pretendo brindarte palabras de ánimo, admiración y respeto. Espero que recibas estos humildes intentos de poema, como un regalo para tu persona.

1. Oda a la mujer empresaria

Y resignada vives,
de ojos con agua el espacio de tiempo que te toca,
desnuda bañas a jícara y chorro tu cuerpo
marcado,
marcas inalcanzables para la simple vista pero
imposibles de borrar.

Ladrillo, cemento y enjarre,
todo tiene color, el mismo color.

Que bella eres,
fuerza y calidez, cualidades solo dignas de ti mujer,
soportas el vacío,
del supuesto cuidador degradada por ignominia,
enfrentas la vida con algo de tela y corazón,
de tu escondite sales abierta cada día,
advertida del horror, a estudiar, a luchar y
trabajar.

Tú, del mundo la belleza,
del caracol, sus tiernos cuernitos,
aroma, tacto y virtud,
abres puertas, construyes hogares,
nunca de nada carente, aceptas tus herramientas y
te bastan.

Delicada, quiero cuidarte como vaso frágil

pero de la estupidez soy adicto.

Que bella eres y junto contigo todas tus hermanas,
de la tierra un regalo,
de mi alma el descanso,
de mis hijos el beso, el cariño y el abrazo.

Que el luto no sea tu espejo,
ni la menguante luna tu pena,
sol en su cenit tu brillo sea.

Eres bella mujer,
y junto contigo,
todas tus hermanas.

2. A la sagacidad

Tres premisas hoy quiero al viento gritar,
y una cuarta regalar.

Bondad y maldad hay en la humanidad,
en su lucidez cantó políticas y reglas de utilidad.

Ofensiva y defensiva,
negativo y positivo,
aprender del colibrí deberás,
de belleza, gracia y astucia vestirás.

El que es versado vive, el inexperto muere,
en tu caminar ambos te acompañarán.

Elige bien desde la primera vez,
sí, existen las segundas oportunidades
pero tienen alas, reconócelas atento y listo para
atraparlas.

3. Señales

"Entre el estímulo y la respuesta existe un espacio. En
este espacio se encuentra nuestro poder para elegir la
respuesta. Y en nuestra respuesta descansa nuestra
libertad y nuestra capacidad para crecer como
personas".
Viktor Frankl.

A tu ser.

De consejos las señales,
y de creatividad el camino.

De constancia tu calzado,
de sabiduría e inteligencia las ropas.

De perseverancia, el alimento,
de fe, sustancia toda te inunde,
de comprensión de tiempos tu regalo de lo alto,
de amistades el viento de tu empuje.

Mar de oportunidades tu horizonte,
ríos de paz,
cielo de puertas,
nubes de valor.

Valle verde de vida, creación y corona,
Sumérgete en las torres de la fotosíntesis
y bajen del aire los castillos a tierra, a tu tierra
fértil.

La aridez combata tu mente con la seguridad de la
lluvia solicitada por tus padres,
aridez que dejará de ser por el amor de ellos.
Suba tu alma al cielo de la belleza de la creación y
estrangula con amor el fuego de la destrucción, del
fraude, del robo y la mentira.

Libra batallas y gana,
avanza y vence,
crea acciones que sirvan y permanezcan,

Crece,
Sube y crece.
Del tiempo aliado,
del esfuerzo premiado,
de las metas bien recibido,
y de alegrías las alas de tu corazón.

Llénate de ojos.
Satúrate de oídos.
Cúbrete de narices.
Afilado esté tu cuerpo contra la confusión.

A ti te hablo

SEÑALES

A ti lo digo
Todo lo puedes
¡No olvides quién te fortalece!
Grábatelo, tatuarlo en tus carnes es tu deber
¡Nada te faltará!

La muerte siempre abundará,
la pobreza nunca dejará de existir,
no te distraigas y verás el puente en medio de ellos.

El miedo tiene navajas por dientes, bien afilados,
no hay tal como "pequeños temores" ¡son zorras con
cola de fuego!

De compromiso y buena actitud sean tus manos.
De coraje y paciencia tu caminar.

Desiertos y oasis los reconocerás como ruta, pero
alegría en toda ella.
-¿Quién puede?-
tú puedes,
-¿lo lograrás?-
serás todo lo que estás destinado a ser,
de la creación la corona,
en las frescas lluvias del amor te perderás,
esperanza de un futuro mejor tus lentes serán.

¡Ay de aquellos que no viven para el propósito y
cumplimiento de su existencia!
¡Ay de aquellos que perdieron la esperanza!
¡Ay de los desconsolados solitarios!
¡Ay de los desilusionados!

Ven, te ofrezco mis brazos,
mira con mis ojos,
descansa en la eterna promesa escrita,
ven y compruébalo,
el pronto auxilio anhela y ruega,
las ruedas de tu perfecta estructura ordenan andar,
corazón magnífico tendrás,
alma piadosa y benevolente,
ven y disfruta de sus beneficios,
de todos sus beneficios.

Dichoso porque no estás solo,
dichoso siempre esté tu corazón aún en la
adversidad.

Mientras el mundo madura en maldad,
tú vuelas en bondad.

Labor y logro,
todas tus empresas prosperarán,
tus ganancias no se esfumarán.

Felicidad y éxito,
amor y familia.
Nunca al revés.

Poder y del poder la humildad,
dar y del dar el recibir,
ser y del ser el deber.
A tu ser.

Epílogo

A manera de conclusión podemos resumir que debemos estar listos para ser vaciados después de ser llenados, el empresario tendrá tiempos de reposo y alegría, así como de crisis y desesperación, en tiempos desalentadores busca donde mantenerte positivo, tal vez tu victoria está más cerca de lo que crees si logras pararte para el siguiente round.

En los tiempos de "Vacas Gordas" ahorra e invierte (es vital pedir consejo para invertir), en los tiempos de escasez cuida tu mente, y sé como la Flor x, sé tú a pesar de, tu esencia no depende del estado financiero de tu empresa, se ha dicho que el dinero solo potencia nuestro yo real. Si eres generoso serás más generoso cuando tengas una economía a tu favor, pero si eres tacaño serás aún más tacaño en los buenos tiempos.

Sí, es muy, muy difícil poner en práctica la actitud positiva en la sórdida carestía, pero ¿no lo hemos estado sufriendo a lo largo de los años? nada cambia para bien cuando actuamos con ira o caemos en depresión, al contrario.

Por esto escribí el poema Señales:

De perseverancia, el alimento,
de fe, sustancia toda te inunde,
de comprensión de tiempos tu regalo de lo alto,

de amistades el viento de tu empuje.

Cada poema tiene su propio significado y será interpretado como en el túnel:

...tú y solo tú sabrás qué significa.

No deseo, como dice Neruda, *llenarte el corazón con agua salada*, sino compartir dolores que han gastado nuestro corazón, sin embargo, no te invito a la depresión sino a la comunión, al orden y no al caos, *a la comprensión de tiempos.*

...para que la severidad sea una condición de la alegría, para que así seamos invencibles.

Pablo Neruda

La segunda ley de la termodinámica propone que en un sistema aislado sin ninguna interferencia exterior, se da un incremento del caos y no del orden. Tomando como referencia este cientificismo, así como la experiencia propia, se podría considerar como vital la ayuda externa, ayuda que prácticamente se deberá extender a todas las áreas de nuestra vida, es decir personal, profesional y espiritual, para esto los amigos serán *el viento de tu empuje.*

Así como el niño debe recibir capacitación e instrucción y, en última instancia, la exacta y expresa indicación de tender su cama, así mismo, como empresarios deberemos acudir al auxilio externo para recibir lineamientos mediante la escucha de consejos para que de esta forma podamos proporcionarnos una mayor probabilidad de llegar al fin deseado.

¿Qué deseas de este mundo de los vivos?

Espero que tengas como premisa desear lo correcto, los valores universales como fundamento de vida, espero de todo corazón que tus sueños se cumplan y que tengas alegría, templanza de carácter y estructura en tu empresa.

Lucha por tus aspiraciones e ideales, desea todo lo que tu corazón desee, pero recuerda que hay maldad en él. Como dice el gran libro sabio: "todo te es lícito, pero no todo te conviene", no es malo desear, pero si la espera te provoca gran irritación, entonces es hora de meditar.

Sé original, lee mucho, reúnete con personas que te hagan crecer, reconoce tus debilidades y fortalezas, responde a preguntas como ¿qué te apasiona? ¿qué te anima? ¿qué es lo que provoca levantarte cada mañana para luchar, estudiar y trabajar?

Imita las buenas prácticas, la confiabilidad y el profesionalismo de las empresas de clase mundial.

No tengas temor ante la competencia, el empresario versado debe estar consciente de cuáles son las tendencias del mercado (porque alguien más ya subió la vara de la excelencia del servicio preventa y posventa), pero también aumenta tus cualidades humanas que todo líder debe buscar alcanzar.

La empresa es amor y desamor, encanto y desencanto, tiene un inicio de enamoramiento y con el tiempo, igualito a los matrimonios, solo queda la decisión de amar. Pero esto es normal y es bueno, ya que la vida tienes tiempos, dos partes como dice el poeta:

Sabrás que no te amo y que te amo,
puesto que de dos modos es la vida,
la palabra es un ala del silencio,
el fuego tiene una mitad de frío.

Pablo Neruda

La misma empresa que nos puede dar vida y alegrías, si la sabemos dominar como brida en el caballo y con maestría al cabalgar, es la misma que nos puede enfermar o incluso matar, el escritor lo expresa así:

El mismo fuego que alivia el cuerpo situado a
conveniente distancia,
lo destruye todo cuando la distancia se suprime.

De ahí la necesidad, incluso en un mundo perfecto,
de señales de peligro.

C.S. Lewis.

Por último, te pido un favor: si quieres compartirme tu historia de éxito, escríbeme, cuéntame cómo saliste del problema, sé de bendición también para mí y para muchos si me permites compartirla. Estamos llenos de malas noticias, por lo que las buenas son como un vaso de agua fresca, como un oasis en el desierto.

Te deseo lo mejor de la vida.

Declaración para cada día

Si quieres estar preparado para dar una buena palabra a alguien que lo necesite (especialmente a ti) aquí te dejo una buena guía.

Soy bendecido - prosperado - redimido - perdonado - saludable - lleno - talentoso - creativo - confiado - seguro - disciplinado - enfocado - preparado - calificado - motivado - valioso - libre - determinado - equipado - empoderado - ungido - aceptado y aprobado - no promedio - no mediocre - yo soy un hijo del Dios altísimo - me convertiré en todo lo que fui creado para ser en el nombre del padre, del hijo y del Espíritu Santo, Amén. *

* Declaración al inicio de cada servicio de la iglesia Lakewood Church, Houston, Tx.

Anexos

Anexo 1

De preguntas y consejos

¿Tienes una buena idea de cuánto es el capital suficiente para tu emprendimiento?
¿Cuentas con ese capital?
Sí es así, continúa
    Si no es así:
        ¿Tienes a alguien que te preste sin intereses?
            Si no es así:
                Puede ser que no sea un buen momento para emprender.

Consejos 1

- No te recomiendo acudir a un banco para impulsar tu emprendimiento.
- Si un amigo o familiar te presta, trátalo con la responsabilidad y el compromiso que tienes al contraer deuda con una institución bancaria.

- Te conoces lo suficiente para:
a) ¿Saber qué temperamento tienes? (Colérico, Melancólico, Flemático, Sanguíneo)
b) ¿Eres de "mecha corta" ?, es decir, ¿te molestas rápidamente?
c) Bajo presión, ¿tiendes a abandonar, caer en vicios, huir?
d) ¿Eres creativo o reactivo?

e) ¿Logras distinguir si equilibras familia, trabajo y amigos?

Consejos 2

- Conocerte a ti mismo te servirá de máquina del tiempo, sabrás con anticipación cómo reaccionarías ante las adversidades y circunstancias de la vida y de la empresa.

- Toma la evaluación gratuita de https://leadershipcircle.com/ para conocerte mejor y saber el estilo de liderazgo que tendrás.

- ¿Tienes alguien en quién apoyarte?

a) Cuando te invade la tristeza.
b) Cuando te sientes solo.
c) Cuando crees que ya no hay esperanza.
d) Para cambiar de rumbo.
e) Para dejar todo atrás y volver a empezar.

Consejos 3

- Antes de emprender coloca firmemente tu red de apoyo para posibles caídas, no creo que haya mejor consejo en el mundo empresarial que contar con alguien que te escuche y te brinde un buen consejo.
  - Si no lo tienes, búscalo y pruébalo, si te falla, busca a alguien más y pruébalo nuevamente, recuerda que el que busca encuentra.

∘ Te recomiendo encarecidamente que sea de tu mismo sexo (como dijo el gran Chico-Che: "los nenes con los nenes y las nenas con las nenas"), si estás casado(a), esto te evitará grandes problemas.

• Si ya cuentas con una empresa:

a) ¿Estarías dispuesto a cerrarla si te está llevando a endeudarte más y más?
b) ¿Alcanzas a reconocer qué es un buen o mal negocio?
c) ¿Sabes cuándo obtener beneficios y cuándo reinvertir?
d) ¿Qué aporta a la sociedad? es decir, ¿en qué la beneficia?
e) ¿Ahorras e Inviertes?

Consejos 4

Existen muchos libros excelentes para empresarios, te recomiendo empieces por los siguientes:

- Empresas Familiares, Imanol Belausteguigoitia.
- Administración Estratégica, Teoría y Casos, Thompson, Strickland III, Janes, Sutton, Peteraf, Gamble.
- La Acción Social de la Empresa, Martínez, Simón, Agüero.
- ¿Cómo llegar a fin de mes?, Andrés Panasiuk.
- Liderazgo, Principios de Oro, John C. Maxwell.

- La semana laboral de 4 horas, Timothy Ferris.
- Vendes o Vendes, Cómo salirte con la tuya en los negocios y en la vida. Grant Cardone.
- Padre Rico Padre Pobre, Qué les enseñan los ricos a sus hijos acerca del dinero, ¡Que los pobres de clase media no!, Robert T. Kiyosaki.
- Las 4 Disciplinas de la Ejecución, Covey, McChesney, Huling, Miralles.
- Nada que Perder, Todo por Ganar, cómo pasé de ser un pandillero a un empresario multimillonario, Ryan Blair y Don Yaeger.
- El Club de las 5 de la Mañana, Robin Sharma.
- Pequeño Cerdo Capitalista, Finanzas personales para hippies, yuppies y bohemios, Sofía Macías.

¿Qué opinas del estrés, la ansiedad y los conflictos internos?

¿Qué opinas del dinero?

Define en una sola palabra lo que significa ser empresario, ¿cuál sería?
a) Libertad,
b) Estrés,
c) Poder,
d) Creatividad,
e) Compromiso,
f) Incluye otra (no repitas ninguna de las anteriores).

Consejos 5

- Si una empresa hace lo mismo que muchas, más temprano que tarde recurrirá a la competencia por precios.
  - ○ Recomendación: abrir nuevos mercados con los mismos productos o integrar nuevos y novedosos productos en el mismo mercado.
- Saber qué problemas resuelve tu empresa no solo es de conocimiento particular, deberá ser premisa para ti y para todos tus colaboradores.
- Adopta la cultura del aprendizaje y mejora continua.
- Todos tus carros de trabajo y personales deberán tener póliza de seguro vehicular.
- Contrata o al menos ubica un buen abogado laboral.
- Contrata un buen contador y haz auditorías internas al menos cada dos años.
- Por amor a los tuyos, por cultura de previsión, por actuar responsable, haz tu testamento.
- Planear, organizar, dirigir y controlar, es y será la base de toda empresa sana.
- El efectivo es un activo, la liquidez es la que manda, ahorra lo más posible.
- No desprecies los pequeños comienzos.

- La mentalidad y la actitud positiva te ayudarán a enfocarte y estar sano, evitará el ruido cerebral. Te recomiendo ver:

- ◦ https://www.healthline.com/health/how-many-thoughts-per-day#intrusive-thoughts
- ◦ https://www.nature.com/articles/s41467-020-17255-9?utm_medium=affiliate&utm_source=commission_junction&utm_campaign=CONR_P F018_ECOM_GL_PHSS_ALWYS_DEEPLIN K&utm_content=textlink&utm_term=PID10 0090071&CJEVENT=427c6c9fc68d11ed829c 53460a1cb825#data-availability
- Ligado al consejo anterior, has de saber que en toda empresa, uno de los componentes para hacer los planes funcionar, es la psicología.

Anexo 2*

Dado que llegaste a esta profundidad, espero que seas recompensado tanto como yo lo fui cuando lo escuché, que sea para ti como encontrar un pulpo miniatura en un arrecife, de belleza y revelación.

Te contaré una historia. El relato fue escrito en el siglo VI** Antes de Cristo, el libro en lengua aramea se llama *Sipra Trayana d´Malke*.

Hubo un general llamado Naamán, persona valorada por su rey, reconocido por su extrema valentía en el ejército de Aram, instrumento de Yahweh para la liberación de su pueblo, pero, tenía un gravísimo problema.

Con notorios quistes o nódulos en su lesionada piel, nuestro general se encontraba infectado por la enfermedad de Hansen, lepra. Había perdido sensibilidad en varias zonas de su cuerpo, su bienestar mental mermaba y se mostraba irritable. Por este tiempo los arameos estaban en guerra con Israel, por lo que eran constantes las entradas de bandas armadas a este último. En una de esas incursiones tomaron cautiva a una joven para servir a la esposa del general Naamán.
Su esposa lo amaba y se dolía mucho por el sufrir del guerrero, sus siervos lo respetaban e incluso ofrecían su ayuda recomendando un doctor o curanderos, la esposa siempre le rogaba que probara todo por la esperanza de un futuro mejor.

Nada funcionaba.

Todos en la casa del varón grande estaban angustiados, cada mañana se le veía empeorar, tenía el favor del rey pero no le servía, contaba con el cariño de sus siervos pero sus recomendaciones no lo ayudaban. La muchacha capturada veía lo que sucedía, ella sabía la respuesta, la anhelada solución, pero calló durante un tiempo, es decir, ¿cómo juzgarla?, era una víctima de guerra ¿si ayudaba al principal general del ejército enemigo no sería una traición?, pronto se dio cuenta que el general en realidad era apreciado por todos y en su cautiverio la joven no sufría maltratos.

Un día, más por compasión que por gusto, se acercó a su señora y le dijo unas palabras muy concisas: "Qué bien le iría a mi señor si acudiera al profeta que está en Samaria. De inmediato lo sanaría de su lepra".

-Una esclava, ¿acaso sería una trampa? - pensó la esposa del general, pero se arriesgó.

-Amor mío, la última Israelita capturada me dijo que en Samaria un profeta que hace predicciones por inspiración de su Dios podría sanarte, la noté muy segura, dile al Rey que te permita ir a buscar a esta persona-, expresó.

Naamán lo hizo por ella, contó al rey la última recomendación proveniente de la muchacha en Israel capturada y para su sorpresa el rey le creyó, no solo le permitió ir, sino que que también se tomó el tiempo para escribir una carta a su enemigo, directamente al rey de Israel, además, se mostró tan generoso que el general tuvo que cargar con oro, plata y ropas en un par de mulas.

Acompañado de varios de sus siervos, emprendió el viaje, un viaje de más de quinientos kilómetros.

El enfermo general iba y venía entre raudos pensamientos, en ocasiones de bella esperanza, pero la mayoría de ellos cargados de incredulidad y su viaje continuaba, cien kilómetros diarios, comía con dificultad, dormía con dificultad, porque su respiración no le permitía un sueño reparador, y viajaba, peregrinaba en medio de dolor y llanto.

Al amanecer del sexto día llegó Naamán con sus carros y caballos y toda su compañía, se paró a las puertas de la casa del profeta de nombre Eliseo. Esperanzado y acostumbrado a recepciones dignas a su rango, tocó.

Eliseo había sucedido a un grande, a Elías, era un personaje muy conocido tanto por la gente común como por los gobernantes del pueblo de Israel, todos sabían que el poder otorgado a Elías había sido trasladado a Eliseo porque su Dios así lo quiso.

Advertido de la llegada del general, Eliseo escuchó el sonido, sabía que había llegado el arameo, envío la receta al paciente a través de su joven asistente, no hubo flores, la entrada de la casa no estaba limpia de polvo, el periódico aún esperaba tirado en la entrada, no hubo pompa ni platillo, no hubo pues la correcta recepción, ni el trato "justo del rango", no hubo muestras de interés por parte del profeta. Solo una receta en formato verbal a través de un jovencito.

Abriendo un poco la puerta, Giezi le dio la siguiente indicación:

"Dice mi patrón que vaya a lavarse siete veces en el río Jordán, que después de eso su carne será restaurada y que quedará limpio, buen día".

El mensajero cerró la puerta y el deshonrado general se encolerizó, los siervos se voltearon a ver unos a otros confundidos, nunca habían visto que alguien tratara así a su señor.

Naamán y su vergüenza ante sus súbditos, Naamán y su orgullo.

-Yo pensé que- gritó el general, - ¡Eliseo saldría en persona, se pondría de pie y haría eso que hacen los profetas y entonces pondría sus manos sobre la parte leprosa de mi cuerpo y quedaría sano!-.

-¡Así es como yo imaginaba el momento!- continuó exaltado, se subió a su transporte y emprendió el regreso.
Ya en el carruaje murmuraba: -en Aram tenemos mejores ríos, total, ya traigo la receta- y su cara roja mostraba gran enojo.

Los siervos se envolvieron en valor y lo enfrentaron. - padre mío-, unos le decían, - señor nuestro-, otros le increpaban, - lo que le piden no es tan difícil, hágalo, vaya y lávese, para que quede libre de esta enfermedad-, -¡sí vaya!- gritaron los demás.

Al fin Naamán se dignó a obedecer, fue al río indicado, siguió al pie de la letra lo escuchado, siete veces se lavó en lo que consideraba un río de baja categoría en comparación con los de Damasco, por ejemplo, el Farfar.

Su sorpresa llegó cuando su carne se transformó, se volvió como la de un infante, suave y limpia. Todos los presentes se sorprendieron, un milagro había sucedido frente a ellos, de allí en adelante el Dios de Eliseo iba a ser el Dios de Naamán y de los que presenciaron el acontecimiento.

Está por demás decirlo, pero igual lo mencionaré: y vivieron felices por siempre. Bueno, de esto último no estoy tan seguro, seguro engordó pero la lepra nunca volvió, ¿quién no podría vivir feliz después de recibir tal milagro?

Moraleja

¿Qué tiene esta historia en común con nosotros como empresarios?, aquí tienes tu pulpo en miniatura, solo para aquellos que llegaron a este arrecife:

El milagro que estás buscando para tu empresa no sucederá antes de mostrar obediencia a la instrucción.

El milagro que buscaba Naamán estaba otorgado, pero la desobediencia podría haberlo alejado del mismo.

No se buscaba solamente sanar la lepra de Naamán, se le quería sanar del alma, de esa situación oscura que solo el general conocía y es que nuestra vida privada afectará tarde que temprano todas las áreas públicas de nuestra vida.

Un milagro similar sucedió con la viuda de Sarepta y el milagro del aceite que no cesaba, la visita del profeta Elías no garantizaba el milagro. Fue la obediencia de la mujer que abrió el camino para obtener el beneficio, no solo se benefició en el tiempo de sequía, sino que su fe también aumentó en una temporada donde la escasez era tan visible y desconsoladora que lo que menos caminaba por las calles era la esperanza.

En mi caso, por años he luchado con pensamientos negativos, cientos y cientos de historias que maquilo en mi cabeza para un contratante que no conoce de empatía y tampoco compasión. Pensamientos que provocan ruido, estrés y ansiedad.

En su artículo de *Healthline* (Febrero 28, 2022), Crystal Raypole nos dice que sí se pueden reemplazar los pensamientos negativos haciendo uso de la meditación o de trabajar con un terapeuta.

Al igual que Naamán, pienso que no es posible salir de mis deudas solo con pensamientos positivos. Como él, me cuesta mucho creer que una indicación tan simplista sea la solución, pero sí creo que alguien en lo alto nos ama mucho y quiere lo mejor para mí y para ti, creo que de una forma u otra somos visitados divinamente a través de familiares, amigos, líderes religiosos, libros, etc., una visita, una receta y lo más complicado, obedecer para cerrar el trato, trato que nos conviene mucho más a nosotros que al doctor.

En mi caso la receta es: medita en lo bueno y no en lo malo, desecha los malos pensamientos y crea nuevos puentes neuronales. Te comparto algunos ejemplos:

- Si un cliente no me contesta un correo, entonces no me dará ningún trabajo, ya cambió de proveedor, perderé gran parte de mi ingreso económico y eventualmente mi empresa quebrará.
- Si un cliente no paga en el tiempo programado, entonces no aprecia mi trabajo, ya cambió de proveedor, perderé gran parte de mi ingreso económico y eventualmente mi empresa quebrará.
- Si un amigo no me habló en dos o tres semanas entonces no le importo, seguro fue por mi mal carácter, eventualmente me quedaré sin amigos.

Estos patrones neuronales son de tres carriles, están limpios y siempre tienen luz verde en mis transmisores cerebrales.

Un cambio pequeño que trato de hacer:

- Si un cliente no me contesta un correo, entonces está evaluando otras propuestas, es normal que busque otras opciones, si todos los clientes buscan otras opciones eventualmente otros clientes también buscarán a mi empresa.
- Si un cliente no paga en el tiempo programado, entonces es una oportunidad para profundizar en la amistad invitándole a comer o tomar un café.
- Si un amigo no me habla en dos o tres semanas entonces yo le llamaré.

Este es mi río Jordán, esta es mi indicación, sé que todos deseamos un milagro, si no gustas llamarlo milagro, considéralo una linda sorpresa, un evento que mejore la situación que tanto te desilusiona.

¿Cuál es tu receta?

*Hubo una vez un pétalo de rosa que luchó contra una viga de acero
y la venció.*

*El pétalo y la viga
Jaaziel Flores*

*(El texto Peshitta, 2015), Instituto Cultural Alef y Tau, A.C.
**Anexo inspirado en la predicación de Ps. P. Johanssen, en la Iglesia Más Vida (Marzo 19, 2023), https://www.youtube.com/watch?v=l6WhqLEFcho

¿Quién es Jaaziel Flores?

Jaaziel es Ingeniero en Sistemas Computacionales, egresado en 2003 del Tecnológico Nacional de México; el 17 de octubre de 2021 recibió el grado de *Master of Business Administration* por *Indiana Institute of Technology* de los Estados Unidos.

Tiene una actitud de aprendizaje que se ha reflejado en su mejora profesional continua, por lo que cuenta con diversas certificaciones técnicas, especializaciones y diplomados administrativos como CEO Training, por el Tecnológico de Monterrey, así como una autorización como agente capacitador DC-5, otorgada por la Secretaría del Trabajo y Previsión Social en México.

Es también miembro fundador del organismo sin fines de lucro: "Empresarios con Propósito" en Manzanillo, Colima, México.

Desde 2004 es fundador y director general de Grupo Integra Comunicaciones, S.A. de C.V., empresa que ofrece soluciones en las áreas de las tecnologías de la información y comunicaciones en grado industrial, y que tiene oficinas en Manzanillo, Colima y Querétaro, Querétaro. La bandera y cultura organizacional de *Integra GicCom* es brindar garantías reales a sus clientes, mismos que, en palabras del propio Jaaziel, "merecen toda nuestra ética profesional y agradecimiento por la confianza depositada".

Integra GicCom tiene una trayectoria de más de 18 años de experiencia en el sector tecnológico, proporcionando servicios de alta calidad para diversas empresas nacionales y transnacionales a lo largo y ancho de la República Mexicana.

¿Cómo trabaja Integra GicCom?

Un distintivo importante es que no sólo da un servicio estandarizado, sino que ofrece consultoría y a partir de la misma, se desarrollan soluciones a la medida en sinergia con el fabricante. Adicionalmente, otorga garantía de hasta por 25 años y genera lazos de amistad bajo la premisa de ganar dando.

Un punto importante adicional, es que, consistente con el consejo que ha compartido en este libro, **Jaaziel Flores es emprendedor e inversionista.**

Si deseas contactarlo, puedes hacerlo en su correo electrónico y su sitio web:

jaazielflores@integra.red
www.integra.red

Este libro fue impreso gracias a la creatividad, esfuerzo y compromiso de Jaaziel Flores, que confió en la Mentoría "Escribe y Publica Tu Historia de Éxito en un Libro", de Emmanuel Reséndiz, en ERES Digital Academy.

Junio de 2023

www.ingramcontent.com/pod-product-compliance
Lightning Source LLC
Chambersburg PA
CBHW060839220526
45466CB00003B/1171